はじめに

内藤正典

現在、日本でイスラームに関心のある人はどれくらいいるでしょう？

一番気になる世界情勢の動きは？　と問われて、イスラーム圏の出来事を真っ先に思い浮かべる人はほとんどいないでしょう。

いや、なにも話題を政治、外交に求める必要はありません。

もっとも気になる外国人との交流は？　と訊かれても同様ではないでしょうか。

政治や外交で言えば、現在、朝鮮半島の動向がもっとも気になるでしょう。また、外国人との交流においても、最近とみに増えた中国、韓国をはじめとする東アジアからの訪問客を思い浮かべるのではないですか。あるいは、いずれの問いにおいても、アメリカおよびアメリカ人を挙げる人がいちばん多いのかもしれません。

誰も、イスラーム世界やムスリム（イスラーム教徒）のことを気にしちゃいません。注目を集めたのは、「イスラーム過激派」が「テロ」を起こした時ぐらいです。「　」をつけたのは、こういう言葉を通じて、イスラームを知ることになってしまったことで、私たち日本人がどれだけ「損」をしたかについて話していくからです。

前著（『となりのイスラム』）でも書きましたように、今、世界の四人に一人がムスリムです。やがて、三人に一人になるのは確実です。

このような世界の大きな流れのなかで、日本にはあまりにも「イスラーム」が欠けすぎていやしないかと思うんです。

二〇二〇年には、東京でオリンピック・パラリンピックが開催され、国際交流ムードが高まっているかに思えます。二〇一九年からは、政府が突然、外国人労働者に門戸を開放すると決めたため、外国から働きに来る人も増えると思われます。ムスリムも確実に増えるのですが、私たちはあまりに彼らのことを知りません。

本書では、日本人に完全に欠乏した「イスラーム」的思考や知恵を、イスラーム法学者であり、ご本人もムスリムである中田考先生とともに、提示していきます。

中田先生と私は、短いあいだでしたが、京都の同志社大学でご一緒させてもらいました。先生は神学部、私は二〇一〇年に新設された大学院のグローバル・スタディーズ研究科というところに一橋大学を辞めて赴任したころです。

でもその前から、同志社大学には一神教学際研究センターというところがあり、面白い研究をしていたので、そこでお目にかかったのが最初ですね。

同志社がキリスト教系の大学だということは知っていたのですが、そこにムスリムの先生がいて、イスラームの講義をしているというのは新鮮なことでした。森孝一先生という実に視野の広いキリスト教神学の先生がおられて、キリスト教だけでなく、イスラームとユダヤ教も含めて「一神教」の研究と教育をするということを始められたのですね。ふつうのキリスト教系の大学では思いもつかないことでした。

そこに来られたのが、中田先生という、まことに風貌《ふうぼう》からして同志社に衝撃を与えるにふさわしい方だった。

その後、中田先生は大学を辞められて、文字通り在野のイスラーム学者として活躍してこられました。お辞めになってからのほうがたくさん本を出しておられますから、つくづく、大学というところは先生にとって非生産的な場であったんだろうと思います。

中田先生は若いころエジプトのカイロに、私はシリアのダマスカスに留学していました。中田先生はカイロ大学からイスラーム学で博士号をとっておられますから、ホンモノ中のホンモノのイスラーム学者です。しかも、イスラームの法的な面について、現実に起きている問題に対して、解釈や回答を提示してこられました。ここは大事なところなんですが、今の日本には、ムスリムで、かつイスラーム学の専門家の数が少ないだけではなくて、現実の問題となると、みなさん話したがらないようです。

テロや女性差別の問題では、とかくイスラームが西欧側から批判されます。しかしなかなかこういうアクチュアルな問題に、イスラームの専門家が答えようとしないんです。これは、傍《はた》から見ていて私にはとても歯がゆいことでした。しかしながら、私はムスリムが住んでいる社会や地域の問題は扱いますが、イスラームがもっている壮大で緻密《ちみつ》な法の体系や神学の体系となるとまったく専門外で、「イスラームから見たらどうなの?」ということに責任をもって答えようがない。そこに果敢《かかん》に挑んで答えてこられた、ほぼ唯一の専門家が中田先生なのです。

日本の場合、イスラームについての情報というのは、大半が西洋経由で入ってきました。中東・イスラーム世界の現状については、直《じか》に現地を見てきたジャーナリストや研究者もいます。しかし、ここにも実は深い問題がひそんでいるのです。現地の情勢や社会を見ていても、その視線や視角というものが、いたって「西洋的」である場合、ムスリムのまなざし、ムスリムの考えというものがすっぽり抜け落ちてしまうのです。

そして欧米、とくにヨーロッパには千年以上にわたってイスラームとムスリムを敵視してきた歴史がありますから、簡単に偏見を捨てることができない。それどころか最近は、西欧はこうなんだからムスリムもそれに従えという高圧的な態度が一層強くなっています。そこに、スパッと「イスラームから見たらこうだ」という回答を出される中田先生は、場合によると、ずいぶん「危ない人」扱いされてきました。

しかし、中田先生のような専門家は絶対に必要なのです。欧米の社会や、欧米の価値観を受容している日本社会では、ある種「モノわかりよく」イスラームを説明するほうが受けが良いのは私も知っていますが、それじゃ、ダメなんです。イスラームの本質が伝わらないからです。

私は、ここ三十年、国立大学の人文・社会系がどんどんどんどん貧しくなっていくなかで、人を育てようと頑張ってきました。しかし「もうダメだ」と思っていたところに、同志社の一神教学際研究センターのみなさんから、新しく大学院ができるらしいから来ないかとお誘いを受けて、二つ返事で京都に移住して八年。私は別に住むところに全然こだわりがないので、どこでもよかったんですが、そりゃあ京都となると別格（東京人はすぐにだまされますからね）で、さっさと辞表を出して移りました。一橋大学のゼミの卒業生たちが送別会をしてくれたのですが「内藤教授、同志社へ亡命」というでかい見出しの新聞をつくって送り出してくれました。

同志社に来てからは大学院が中心ですが、イスラーム世界でいま、まさに起きているあまりにひどい秩序の崩壊、人道の危機、そういう生《なま》の現実から「どうして、こんなことになったのか?」「この状況を少しでも改善するために、人文、社会科学は何ができるのか」ということを考えながら教育にあたっています。

私が同志社に移ってから、中田先生と一緒に、いくつか大きなイベントをやりました。なかでも忘れ難いのは「アフガニスタンにおける和解と平和構築」のための国際会議でした。中田先生の尽力で、もっとも強硬に政府と戦ってきたタリバンの公式の代表を招くことができたのです。タリバンだけでなく、他の反政府勢力も来ました。当時のカルザイ政権からも代表が来ました。敵対する勢力が一堂に会した最初の会話でした。中田先生がカタールに行ってタリバンの代表部と交渉し、私は日本政府との交渉にあたりました。タリバンが私たちの招待を受けたのは、中田先生がムスリムであり、イスラーム法学者だからです。カルザイ大統領（当時）は、この会議を「同志社プロセス」と呼んで、和平への重要な対話の場と評価してくれました。

いま私のところの大学院のゼミ生の過半数が留学生であり、世界から集まったムスリムの学生が増えています。

自分で言うことではありませんが、学生はムスリムですから、私からイスラームの話を聞いたって仕方がないはず。しかし西欧世界とイスラーム世界との比較ということになると、彼らも知らないのです。私は自分の研究では、長いこと、ヨーロッパにいるムスリムの移民や難民に焦点を当てていたので、西洋がイスラームとムスリムの何を誤認してきたのか、ムスリムの側はそれに対して、なぜ有効な反論ができなかったのかを学生たちと考えています。

突飛《とっぴ》な話に聞こえるかもしれませんが、イスラームの知恵は、日本人が直面しているさまざまな問題に「効く」のです。どうにも答えが出なくて、ぐるぐるまわってしまうような思いをすることって、いろんな場面でありますよね。でもそんなときに、ムスリムの発想や思考法を知ると、まったく気づかなかった新しい答えが見つかったり、ふっと楽になることがいくつも出てくるのです。

残念ながらいまの日本では、イスラームというと政治の話ばかり。それもテロだの戦争だのというぎすぎすした話でばかり登場します。でも、ムスリムが四六時中そんなとげとげしいことばかり考えているはずがない。もしそうなら、そんな宗教が一五億人も信者を獲得することなんてありえませんよね。よく欧米では「イスラームは女性抑圧の宗教だ」と言われますが、そんなに女性に苦痛を強《し》いる宗教だったら、女性の信者が増えますか？　千四百年もつづきますか？　誰でもみんな、お母さんから生まれます。お母さんを苦しめる宗教を、子どもがあっさり受け入れるでしょうか？

もう一つ、国、もう少し堅い言い方をすれば「国家」というものについて日本人が考えたり議論したりするときに、「えっ、それおかしいよね」と思いながら、結局うやむやになって、「仕方ないよね、日本では……」というような結論にならない結論で終わってしまうことがよくあります。民主主義でも、人権でも、国のあり方でも、日本での議論というのは、日本にずっと伝わってきたロジックでやっているわけではありません。多くは、明治以降に西洋から輸入されたものの考え方に立ってなされていることが多いはずです。

問題はそこなのです。どうも、木に竹を継いだような不自然さを感じながら、でもそれが普遍的な価値観なのだから……というようなことで片づけて、なお、もやもやしているということも多いですよね。そのあたりのことを、日本人にはまったく馴染《なじ》みのなかったイスラームの発想で切ってみると、全然違う結論が浮かび上がることがよくあります。そこのところは、ムスリムである中田先生に、ぜひ語っていただきたいところです。

今の日本には、どうにも納得がいかないけど、仕方がないということが多すぎます。病気のこと、介護のこと、政治のこと、罪と罰に関すること。こういうことについて、イスラームの視点に立つと、まったく違う考え方があるのを知ることができます。

イスラームのこと、イスラームの知恵……これからの日本及び日本人に大いに役立つこと必至です。

目次

イスラムが効く！

第3章 男女のことを「イスラム」で見ると

第4章 貧困問題を「イスラム」で解く

第5章 イスラムが「心の病」に効く

第6章 イスラムが高齢社会に効く

第9章 イスラムから世界の動きを知る

第10章 二十一世紀に生きるイスラムの知

第1章
イスラムが人生に効く

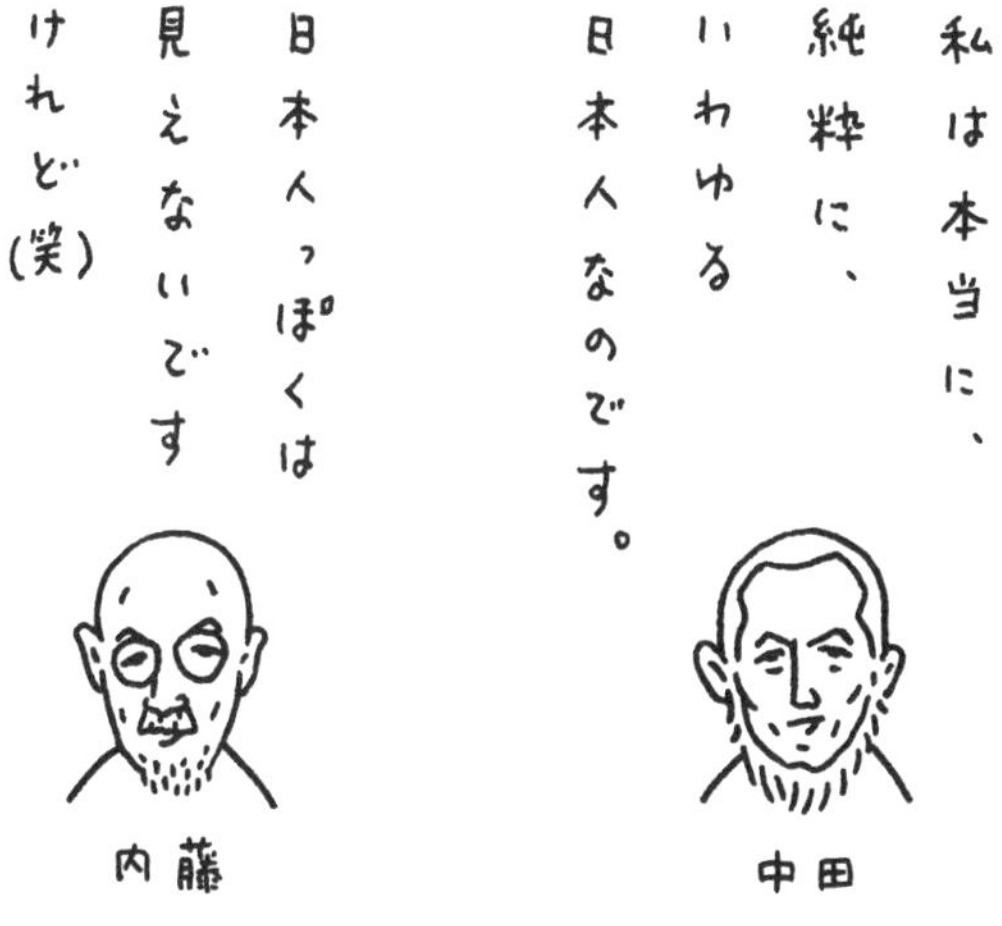
私は本当に、純粋に、いわゆる日本人なのです。
中田
日本人っぽくは見えないですけれど(笑)
内藤

すべてイスラームで説明するのは、イスラーム学的ではない

内藤　イスラームという宗教はもう何十年も見てきていますが、私は信者ではありませんので、『となりのイスラム』で書いたことはあくまでも、隣人としてムスリムを見てきて考えたことにすぎません。当然、信者の方から見ている視点とは違う。中田先生はイスラーム法学者であり信者でもあります。

中田　私はムスリムになって三十六年になりますが、日本人、とくに最近の日本人は「国」というものを疑っていませんよね。「そもそも日本は」という話なんかから、最初にやはり説明したほうがいいような気がしています。こういう問いが出てくること自体が問題なんだということを（笑）。

私は本当に、純粋に、いわゆる日本人なのですが、やはりイスラーム学をやっているとそれが揺らされてくるというか、そういう感覚があります。感覚的には私はただの日本人でしかないのですけどね。「ムスリムだから」とか、そういうふうに見られることが多いですが、私の発想その他はすべて、内藤先生より歳はちょっと若いですけど、大きく括《くく》ればひとつの世代。同世代の教育を受けた日本人です。それだけに、意識的にこういうことを言っているのだという

ことをまず、わかっていただかないと困るところです。

内藤　そう、中田先生は日本人なんですよ。日本人っぽくは見えないですけれど（笑）。そして、私も中田先生も、だいたい同時期の中東という世界を違うところで見ていた。中田先生はエジプトのカイロで、私はシリアのダマスカスで大学院生時代を過ごしていたんです。

中田　あとこれもはじめに触れておきたいのですが、ムスリムは、ムスリムに生まれ育ったからムスリムであるという人がほとんどです。現代のムスリムというのは、基本的には西洋化された社会の中で、自分の生まれてきた地域の伝統に沿って生きている。その中でのイスラームなのです。それはむしろ、我々日本人の考える神道や、仏教に近いものがあると私は思っています。

しかしそれでも、やはりイスラームが動かしている部分はどこかにある。それはあくまでも裏でというか、見えない部分で動かしているのですね。それにも目を向けないといけないという話なのであり、すべてをそっちで説明するのが正しいということではまったくありません。それがむしろイスラーム学の立場です。すべてイスラームで説明するというのは、まったくイスラーム学的じゃないのですよ。

中田先生

ということで話を進めていきたいと思います。

肩書きで人を見ない

中田　まず感じるのが、日本にいると、みんな肩書きで人を見ますよね。「私は◯◯の人間である」と肩書きから言います。◯◯が国家になったり、会社になったりするわけですけど。イスラームではそうじゃない。そういう、肩書きというものにとらわれないものが生きているのがイスラーム世界なのです。私はそれがすごくいいと思っているのですが、日本ではなかなか理解されません。

「神との関係において誠実な人間は、人間同士の関係においても誠実である」というのが基本的なイスラームの考え方なのですね。たとえばイスラームでは飲酒が禁止されていますが、日本でお酒を飲んでいるムスリムを見ると「柔軟で寛容でいいな」というように思ったりする人がいます。けれど、イスラームでは実際にはそういうふうには思われません。「神との契約を守らない人間は当然、人間との契約はもっと守らない」と普通は考える。

たとえばサウジアラビアのように、ガチガチに外から固めるところもあります。あの国にいるともちろんお酒も飲みませんし、礼拝の時間になると無理やり店を閉めさせられます。服装もぜんぶ決まりがある。逆に、そのガチガチに固めた外に出てしまうと何をするかわからない、という問題もありますけれども。

けれど本来イスラームには、そういう外から押し付けるような決まりはありません。守らなければいけないルールはありますが、押し付けられるのではなくて個人的に守っているというのが基本。前述したように、そのルールを守らない人間というのは「神様に対する契約を守らないんだから、人間に対する契約はもっと守らないだろう」とみんな普通に思うんですね。でも日本にいるとどうしてもそうは思わないんですね。

内藤　たしかに日本では、その人の帰属する組織で名乗りますよね。何々という会社の社員だとか、京都人だとか、日本国民だとか。だけど、あたりまえですけど、会社なんて定年になればそこに帰属しているわけじゃない。京都人とか東京人みたいなことを言ったって、何代かさかのぼれば、いろんな地方に起源をもつ人なんていくらでもいる。日本人は、まあ、国籍上、日本人ということで、ありがたいかどうかと言われても、パスポートを持って外国に行くときにぐらいしか「私は日本人です」なんて言う機会もない。

だけど日本人は、かたくなに帰属している社会の一員だということを強調しようとしますよね。あれ、けっこうなストレスになってますよね、実は。大学でも会社でも、いつまでもそこにいるわけじゃないし、京都人がいくらいばっても東京に行けば「へえ、すごーい」で終わり。一応、なんだかわからないけれど「すごーい」くらいは言ってくれますが、まあたいていはそれでおしまいです。おまけに、もっと細分して「おれは洛中《らくちゅう》だ」「おまえは洛外《らくがい》だ」なんて、いつの時代の話してんのさ、というような、まあ本人にとっては大切なんでしょうけど、そんなことで胸を張っても、他人にはどうでもいいようなことです。

ただこの「日本人」がしばしばたいへん厄介で「日本すごい」とか「日本に生まれたことを誇りに思う」という人と、「なんてひどい国だ」という人に分かれてしまって、喧嘩するはめになる。喧嘩ってストレスですよね。帰属していた会社から離れると急にしゅんとしてしまう人にとっても、実は「帰属意識」がストレスのもとになっていることは少なくありません。

もちろん、自分は浄土宗だ、浄土真宗だ、東本願寺だ、西本願寺だと信仰による帰属意識をもってもいいんですが、これはだんだん少なくなってしまった。でも、寺への帰属じゃなくて、自分は仏教徒だと言えるなら、それは自分の内面でしか確信できない帰属意識ですから、それが一番「楽」なものじゃないでしょうか。

そういう意味で、ムスリムであることって、まず、ほかの枠組みへの帰属とはちがって、その人を「楽にしてくれる」と思うんです。だって、どうせ帰属するなら、超越的な絶対者としての神（アッラー）に帰依《きえ》すれば、俗世間の枠組みだのイケズの京都だのに帰属する気兼ねなんていりませんから。イスラームには寺も教会もないし。帰依する相手は見えないし。

「帰属意識」がストレスのもと。
どうせ帰属するなら、超越的な絶対者に

悪いほうへの思考を遮断する言葉「イン・シャー・アッラー」

内藤　突然ですが、日本人て、相関関係と因果関係を区別できていないと思うんです。それもとくに、悪いことが起きるとき。でも、本当にその原因で、その結果になったというなら因果関係があることになりますけど、実はたいていの場合、「相関関係がある」程度の話ですよね。

たとえば、ビールを飲んだり、レバーが好きだと男性は痛風になるか？　なる人もならない人もいるけど、ビールやレバーに含まれている物質が痛風の原因になる尿酸に変わることはわかっています。でも医者に聞くと、口から取ったものの二割ぐらいしか尿酸には変わらないそうで、あとの八割はちがう原因だろうという。それなのに、「ビールを飲みすぎると痛風になる」説がまるで因果関係のように語られるんですよね、日本では。それで、あの恐ろしく痛い痛風の発作を起こすと、それはつらいものだから、ますます、「うーん、あのときビール二リットルも飲むから、レバ焼き一〇本も食べたからいけなかったんだ」と自分を責める。あの痛み、私も知っていますから、思い出したくないですが……。

こういう因果応報の思考回路をイスラームは遮断しますよね。悪いことが起きても、良いことが起きても、「あれをしたから、これをしなかったから」みたいに自分を責めたり、褒《ほ》めたりする思考回路とは全然違う回路があるように思えるんです。別の言い方をすれば、原因と結果をつきつめ過ぎないというか……。

中田　イスラーム教の有名な言葉に「イン・シャー・アッラー」というものがあります。「イン・シャー・アッラー」というのは「神（アッラー）が望みたもうならば」という意味の言葉です。基本的に、未来のことを言うときには必ずこれをつけます。これもコーランのなかに出てくるのですよ。

いかにも、普通に考えてありそうなことを思考して「明日にはこうなるはずだ」と思ってやったことが、実際には起こらないということは当然あります。そのときに、「イン・シャー・アッラー」という言葉を言わなかったからだ、という逸話が出てくる。これは日本的に言うと、「人事を尽くして天命を待つ」ということです。人事を尽くしてもわからない出来事というのは必ずある。それはだから、祈りなわけですね。「イン・シャー・アッラー」というのは、「あとは神様がこうしてくださいますように」という祈り。祈ることしかできない。

これは過去に投影しても同じです。ある程度までは予測できますが、予測できないこともある。そこには必ず神様の意志が介入している、というふうに考えます。かつ、それは「良いことである」というふうに考えるのですね。我々に読み取れなくても神様のやることはすべて良いことです。

「過去がこうだったからこんな罰を受けているのだ」ということではなくて、「過去にこうやったから次に自分が何をすべきか」ということを、神様の意志を考えていくという、そういうことになるんですね。

悪いことがあっても、「それはきっと次に起こる良いことのためになるのだ」という考えなんです。それを自分で見つけることができるだろうというのが根底にある。ですから基本的にすべてが「マー・シャー・アッラー」。「アッラーが望みたもうたこと」だから、イコール良いことだというふうに考えるのがイスラームなのですね。

一神教であれば、そう考えるのが当然なので、本当はキリスト教も中東で生まれた当時はそうだったのです。新約聖書のヤコブの手紙にも「むしろ、あなたがたは『主のみこころであれば、わたしは生きながらえもし、あの事この事もしよう』と言うべきである」（四章一五節）と書かれています。「イン・シャー・アッラー」ですよね。

悪いことがあっても、「それはきっと次に起こる良いことのためになるのだ」という考え

第2章 ビジネスはイスラムに学ぼう

イン・シャー・アッラー。

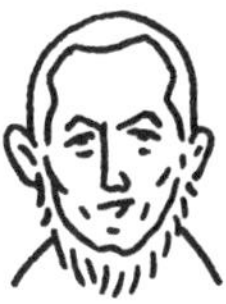

中田

日本のビジネスにはそれが足りない。

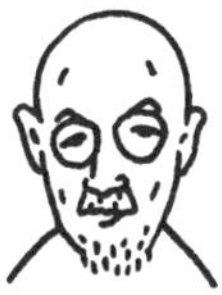

内藤

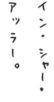

心配せずとも、なるようになる

内藤　イスラーム圏で仕事をしている日本のビジネスマンは、「イン・シャー・アッラー」というのはだいたいムスリムが約束を破るときの常套句《じょうとうく》だと思っています。たとえば「明日の九時から会議をやるよ」と言って「イン・シャー・アッラー」と返されたとき、「あっ、来ないな、あいつ」と思ってしまう。まぁ実際に来ないこともあるんですけどね（笑）。

けれど、「イン・シャー・アッラー」の本来のイスラームの意味は「神が望みたもうならば」なんですよね。明日の九時に自分がここに来られるかどうかなんてわからない。私もいまは京都に住んでいますから、京都で「明日の九時に会議」と言われても、だいたい自分の脚か自転車で行けばいいのでそうそう遅れることはありません。

だけど東京にいたときは、頻繁に人身事故があって電車が止まる。異常な世界ですよね。まして そんなところにいたら、「明日の九時に会議をやる」と言われても、「必ず行きます！」と言えるかといったら、まあ言えません。

電車は止まるかもしれない。自分が病気になるかもしれない。家族が病気になるかもしれない。ムスリムと話していると、実際にそういうことが起きるかもしれないのに、人間が断言などできないでしょうと言うんですね。でも日本のビジネスマンはそれを約束を破るときの常套句だと取っていた。私も最初はそうなのかなと思っていたんですが、あるときまったく間違っていたということに気がつきました。

夏のあいだトルコに滞在していて、日本に帰るときに、トルコにいる友人に「じゃあ俺、来年も八月になったら来るよ」と言ったんです。すると向こうは「イン・シャー・アッラー」と返したんですね。

私は、「俺は約束破んないよ。来ると言ったら来るんだよ」という意味で言ったんですが、向こうは「イン・シャー・アッラー」と言う。そのとき聞いてみたんですね。「なんでそういうときに、お前が『イン・シャー・アッラー』と言うんだ？」って。すると、「お前にはぜひ来てほしい。親友だから来てほしい。だけどお前が来年もし来なかったとしても、悪意で来なかったわけじゃないと思うからね」という意味で言った、と言うんです。私がもし来なかったとしても、それはアッラーが望まなかったから来なかったのであって、私が意図的に来るという約束を破ったんだとは思わないよという意味だと言われて、ハッとした。いや、ハッとしたなんてもんじゃなかった。これは思考の体系が、根本から違う人たちなんだっていうことに気づかされた。

日本人って約束に対して忠実でなければいけないという気持ちを強く持っている人が多いです。時間とかそういうものに対してはとくに。

だけどそのなかに、一種の傲慢《ごうまん》というか思い上がりがある。「こうしないといけないと決めたらこう」。それが結局、日本人にはストレスになって返ってきてしまうんですよね。守るために「なんとかしなきゃいけない」と思い悩む。なにしろ、豪雨でも地震でも猛暑でも、這《は》ってでも会社や学校に行く人があまりに多いからね、この国は。

けれどそこに「イン・シャー・アッラー」という言葉が挟まることによって、実はぜんぜん違う対人関係、社会との関係というものが現れるんです。

企業の方にお話しするときに「サボるときの常套句だと思わないほうがいいですよ」と言うと、「だけど来ないんだから！」と言うんです。「だったらあなたたちも『イン・シャー・アッラー』と言えばいいじゃないか」と思うんですけどね。「一緒になって来なければいい」と言うと、「そんなことを言ったら、ビジネスが成り立ちません！」と言われまして。だけどそれで、イスラーム世界では千四百年、ビジネスが成り立っているんです。心配せずとも、なるようにちゃんとなるんです。

中田　フリージャーナリストの桜木武史さんという、シリアに何度も行っている方がいらっしゃるんですが、友だちがシリアに行っていてやりとりをしていると、「なんでお前は来ないのか」と言われたと。そのときに「いやぁ、いろいろ事情があって行けないんだ」ということを言うのだけどなかなか納得してもらえない。なので、「そういうときには『行きます。イン・シャー・アッラー』と言えばいいのだ」と言いました。誰もそれで責めたりしません。むしろ言わないことのほうがはるかによろしくない。

日本人はすぐに断っちゃうんです。断るというのはむしろ悪意があると思われるのですよ、「やる気がない」というふうにね。これは行く気があれば、一パーセントでも行ける可能性があれば、「行きます。イン・シャー・アッラー」と言うのがイスラーム的な考え方です。それで誰も責める人間はいないのです。

内藤　学生さんたちはダメですよ、それ使っちゃ。「来週の講義行きます。イン・シャー・アッラー」って言えば欠席にならないと思ってたら、欠席になりますから（笑）。

可能性が少しでもあるなら「イエス」と言おう

中田　いま日本の商売が世界中でうまくいってないのはそこにあると思います。「イン・シャー・アッラー」と言えない、ということがとても大きい。

日本人は、可能性が少しでもないと思うと「イエス」とは言えないのですね。我々は誠実なつもりでやっているのですが、先ほども言ったように、それは「やる気がない」と捉えられる。世界的に見ても日本はちょっと特殊です。ヨーロッパですらそんなことはしないし、もちろんイスラーム世界の人間や、発展途上国の人間はしません。やる気があればそれでいいというか。

英語の「will」というのは、意志未来でも単純未来でもあります。自分に意志があれば「will」と言う。日本人はそれができないので、いま世界でどんどん競争に負けていっている。

結局それは世界観の基本の問題ですよね。「人間にはできないことがある」ということはあたりまえの話です。そんなことを言い始めたら何ひとつとして言えません。だから、我々自身で何か基準を設けているんです。「これならいけるだろう」と思って言っている。ただ、それでもできないことはいくらでもあります。それを普遍的なものだと思ってしまうのが問題。自分たちの基準でしかないものを、絶対的な基準だと思ってしまうことが一番問題です。

「あくまでも自分たちの基準だ」ということを自覚する。

内藤　日本人でも欧米の人でも、自分で「基準や前提条件」を立てて、それに基づいてしか、意志を示さない。

中田　もちろん人間同士の約束というのはあります。それはあるのですが、本来は約束した人間しか縛らないものなんですね。なので「人権」と西洋の人たちが言ってきますが、「それはあなた方がそう思っているならそれでいい。あなた方で思ってください。他人に押し付けるな」ということなだけであってですね。

自分たちの基準でしかないものを、絶対的な基準だと思ってしまうことが一番問題

「おもてなし」でお金をとってはいけない

内藤　日本は二〇二〇年の東京オリンピックの誘致で「おもてなし」を謳《うた》っていましたが、「おもてなし」と言うときは相手からお金をとってはいけないと思うんです。日本だって人との一期一会をすべて金銭ずくでやってきたわけじゃない。それがいまや「何バカなこと言ってんだ。すべてはビジネスだ」とあたりまえのように言われる。すべてが市場経済のメカニズムに組み込まれてしまったかのようです。

イスラームでは、お金をとるのはもてなしではなくて商売。日本人は「おもてなし」とか言って、外国人観光客から金をふんだくろうという算段ですよね。イスラーム的に、あれはもてなしではない。それならば、フェアに商売したほうがいい。フェアに商売するということが重要なのであり、「おもてなし」なんておためごかしなことを言って、実際には向こうからお金をとるんだったらかえって気分を害するんじゃないですかね、ムスリムは。

確かに、中東の絨毯屋《じゅうたんや》なんて、日本人に一万円のものを一〇〇万円で売りつけることもありますけど、「商売」としてゲームをするならば日本人もゲームに参加しなきゃいけない。もとは一万円のものを一〇〇万円で売る。それを買ってしまうなら、買う人がだめなんです。それはない、と思ったら徹底して値切ればいいんです。今度のオリンピックでは、訪日する客人たちには「おもてなし」と言いつつ、学生さんには「無給のボランティアで働け」と言うのですから、何をか言わんやです。

しかし、本当に「おもてなし」と言ったら相手からお金をとっちゃいけないよなあ。私も長いことムスリムの方たちと付き合っていますが、ムスリムの方をお客さんとして呼ぶときには割り勘ということはありえません。私が呼んだんだったら私が全額支払わないといけない、というのは当然なんですよね。

中田　「お客」という言葉自体、日本では非常に特殊な使い方をしますね。英語では、guest と customer ではまったく意味が違います。また buyer、client というのも違うんですね。

お金を払って買う人間はそもそも「お客（guest）」じゃない。customer です。それが日本だと、そもそも商業文化があまりないもので……たとえばコンビニに行って買い物をするときに、自分は商売をしていると思わないですよね。でもあれは商売なのです。向こうは売り手であって、こちらは買い手。売り手も買い手も商売をしているわけなのですけどね。

そういう文化がないので、「お客様は神様」なんてバカな話が出てくる。お客様が「神様」だったらお金なんてとってはいけないですよね。お供《そな》え物をしなければいけない。

でもイスラーム世界に行くとそれに近い。お供え物をするような感じです。自分の食べ物がなくても、お客様には食べ物を与えます。これはもうイスラーム社会では身体化していることなのです。

イスラーム教は戒律がうるさいのじゃないかとよく言われるんですが、それは戒律のない世界から見た話であって。戒律がある以上は子どもの頃から訓練しています。子どもの頃から訓練していれば、全然うるさいものではない。というか、あたりまえなのです。

たとえば日本でも、「明日の朝六時に集合」となったら、行きますよね。時間通りに行動するというのは、我々は小学校の頃から訓練されているわけです。私はできませんけどね。一般の人たちは時間通りに行ったりすることができますよね。そして、それを特に苦痛には思わない。「約束の時間に行く」ということは、我々自身にとっては身体化していることなので、まったく苦痛とは感じないし、ストレスとも感じない。それは訓練されているからです。

それと同じことで、戒律というのはそういうものなのですね。子どものときからやっているから。「おもてなし」もそうなのですよ。お客さんが来ると、「あっ、どうぞ」ということが身体化されていて、自然と出てくる。条件反射のようなものになっています。

商業先進地域・イスラーム、後進国・日本

中田　「おもてなし」は、イスラームでは「ディヤーファ」といいます。「お客としてもてなす」という意味なのですが、これは先ほど少し触れたように、そもそもお客に対する考え方が日本とは異なります。お客と商売相手、買い主は別なのです。けれど日本の文化では、商売相手のことも「お客」という。これはイスラームでは絶対言いません。商売をやる相手はお客じゃないのです。お互いが商売をやっているというわけですね。

日本は商人文化ではないのでこの感覚は持っていませんが、イスラーム文化は商人文化なのですね。商人文化だということは、農民も遊牧民もみんな商人。売る人間も買う人間も商人です。基本的にみんなが商人なのですが、この文化は日本には本当にないですよね。

お客と買い手は違います。買い手だと思えばそれは「おもてなし」ではない。お客をもてなすのが「おもてなし」なのであって、それはこちら側が一方的にもてなすことです。

たとえば遊牧民の場合だと、文化的な伝統もありますが、ともかく自分が食べなくても相手をもてなさないと恥ずかしいという考え方です。これはこれでいきすぎるとまたマズイのですが、「おもてなし」というのはそういうことですよね。

内藤　あるある(笑)。なんども経験しました。

トルコの東の地方で村を訪ねたら、ちょうどお昼時で、ラフマンジュン(薄く焼いたピザ)が出てきたんです。一枚じゃちょっと足りないなと思っていたら、また一枚出てきた。まっ、こんなところで丁度いいなと思っていたら、また一枚。そこで「ごちそうさま」と言ったら、村の人は怪訝《けげん》な表情を浮かべてる。とそこに、大皿が次々と運ばれてきて、羊の焼いたのやらピラフやら、サラダやら……お腹がいっぱいでしたから冷や汗が出ましたね。彼らの「おもてなし」をなめちゃいけないと思い知りました。

中田　もちろんお金をとることが悪いわけじゃありません。サービスに対する報酬はあっていい。それはイスラーム法でも、サービス、つまり用益は、モノ、商品とならんで正当な対価の代償となります。

内藤　商売でやるのは別なんですよね。日本人は、時間の約束だと「絶対来いよ」という意味で約束しちゃいますけど、商売の話になると、気乗りがしないときは「検討しときます」になるから、考えてんのかと思ったら、あれは断る口実だとか。あれじゃムスリムからみたら、まどろっこしいし、そもそも商売する気あんのかよ？　って感じですよね。

中田　商売としてやることは、むしろ勤労倫理です。とくに日本の場合、サービス精神が仏道やそういうものと結びついて、どんな仕事であっても真剣に真摯《しんし》に、仏道の志をもってやればいいという意味ではあった。けれどそれと「おもてなし」とは別のことですし、お金をとるというのはまったく逆の発想です。そのあたりをみていても、日本は基本的に商人文化というか、商業文化の後進国だと思います。

内藤　イスラームは商いがまず第一ですよね。商業の先進地域。

会社の基本はファミリービジネス

内藤　イスラーム＝男尊女卑と思っている人もいると思いますが、イスラームでも女性の社会進出は進んでいます。トルコでは、あらゆる職種に女性がいるし、官庁や銀行などでは管理職にも珍しくない。

中田　そうですね。というか「社会進出」という言葉自体があまり意味がないというふうにも思います。社会自体が違うというか、階層がいくつかに分かれていますから。男性社会と女性社会が分かれているんです。

そもそも家の外で仕事しなければいけないという考え方もありません。職場と住まいが分かれるというのは非常に特殊な考え方なのですよ。日本だってはじめはそうですよね。もともとはそんな考え方はありませんでした。家と職場が別で、勤めに行くというのは基本的には、武士、つまり官僚だけ。商家でもみんな丁稚奉公《でっちぼうこう》をしていたわけですから。それを家から出して、家庭を壊すということをわざわざするのが問題なのです。

もちろん、出ることがあるのはかまわないのですけどね。それはあくまでも例外であって、家族は家にいるというのが基本です。

そもそも「会社」という概念というか、法人としての「会社」というのは新しい考え方です。イスラーム法に「シャリカ」という言葉があります。「シャリカ」というのは「協働」という意味で、その言葉がいまのcompanyの訳語に使われているんですけどね。

これはもともとは顔の見える範囲のことを指しているので、あくまでも二人や三人でお金を出し合って、それを共同運営して働くというのが「シャリカ」だったんです。いまの捉え方とはまったく異なります。日本はかなり特殊な部類に入りますよ。

インドにしても中国にしても、基本はファミリービジネスですよね。韓国もそう。財閥などもそうですが、やはり「ファミリー」なんですよ。そういう意味では、抽象的な「会社」ではなかったのです。日本はそこがかなり違う。

日本は鎌倉時代くらいからウジ社会という氏族を解体して、そこからイエ社会に変わっていきました。ここでいうイエというのは共同体であって、血縁原理ではなくてむしろメリトクラシー（能力主義）ですね。血縁が大切なのではなく、有能な番頭か誰かを養子にして……というふうにつづいていく。そうして共同体がつづいていくというかたちができていた。藩もそれの延長にあります。

それがそのまま西欧の「会社」の概念とけっこう似ていたものですから、日本だと比較的ヨーロッパ型の、血縁原理に基づかない、ファミリービジネスではない「会社」がある程度うまくいっているんですよ。ただしこれは、世界的に見ても例外的です。

財閥はどこでも血縁が中心。財閥はファミリービジネスなのです。そういうかたちになっているところがやはり世界的にも多いです。だから会社でも、社長も専務もみんな家族なのです。会社の中でも家族と会っているという。それが基本のかたちなのです。大きくても小さくてもそう。たとえば、ビンラーディン財閥。小さければそれがもっとうまくつくれますしね。丁稚のようなかたちで入っていって、結婚するとのれん分けをするだとかして、それでまたネットワークをつくっていくという繰り返し。そういうものが中心です。

やはり、近代の家と経済が完全に分かれるというのは非常に特殊な形態です。トルコでもまだファミリービジネスが主流であって、財閥なんかも基本そうですよね？

内藤 ええ。トルコの大企業って、基本的にファミリービジネスが大きくなったものですよね。だから、小さな商店や工場でも大企業に成長することもあるし、何代にもわたって細々と、でも地域に愛されている店もある。基本的に、みんな企業家ですから、コネでもなんでも使いますが、家族単位で会社を育てていく。

中田 そういうのをネポティズムといって批判する声はもちろんあります。それはそれなりに批判されるべきところはあるのですがね。

内藤 面白いのは、日本でも創業者一族の経営というものはあるけれど、かなりの数の会社はサラリーマン社長というか、たたき上げで上に上がっていく。創業家は、ぼんくら息子に継がせると、せっかくうまくいっている会社がつぶれちゃうから、関係ない人をトップにもってくる。トルコ人も、「やっぱり日本の会社はすごい!」とか言いますけど、自分たちは相変わらず同族経営を変えないですね。家族の絆は絶対に切らない。

会社、companyは「シャリカ」(協働)の訳語

ほんとは女性が活躍している

内藤　女性の社会進出もべつになんの問題もありません。イランでは女性の副大統領が出ていますし、トルコでも女性が首相になったことがあります。地方の農村だと、高等教育の機会がまだ女性に十分でないという問題はあります。しかし、大学まで卒業した女性が低い地位に置かれるかと言うと、それはあまりありません。

二〇一七年に京都にお招きしたトルコのダウトオウル元首相は敬虔《けいけん》なムスリムですが、夫人は産婦人科のお医者さんです。首相とは別に働いている。お宅に伺ったときには、遅くなってから奥さんが帰ってきて「今日はお産が多くてね」と言っていました。

女性だから働くことなどが止められているということはなく、むしろ逆だったんですよ。トルコのケースでいうと、長い間、スカーフやヴェールを被《かぶ》っていると公の仕事につけなかったんです。そのために、高等教育を受けて、高度な職につく道が閉ざされていました。学校の先生もそうでした。二〇一〇年前後から、ようやく国立大学に通う女子学生のスカーフ着用が認められたんです。

フランスをはじめヨーロッパ諸国では、近年、スカーフやヴェールを被っている女性を公の仕事から締め出す傾向が強まっています。イスラーム社会だから女性の社会進出が阻《はば》まれたのではなくて、なんとヨーロッパ社会のほうがスカーフやヴェールをつけているようなムスリムを仕事から排除しているのが実態です。

そんなことで規制をして、結局女性の社会進出を阻んでいる。被っていたらなぜいけないのか？　そこのところ、彼らには合理的な説明なんてできません。遅れてる人間にみえるから外せとか、女性の解放のために外せとか、被りものは信仰の表明ではなく「イスラーム原理主義」

の政治的シンボルだから許せないと言っているのです。おせっかいどころか、とんでもない方向に話がいってしまいます。

中田　むしろスカーフやヴェールを被るのは外に出るためなのですよね。家の中では脱いでいていいわけですから。スカーフやヴェールについては、後ほどもうすこし細かく触れましょう。

「株式会社」に縛られる日本人

内藤　会社がイスラームでいうと「協働」の意味をもっていること。これって、西欧世界において、資本主義の歴史の中で、小さなアトリエでやってきた手工業が、だんだん大きな産業に発展していって、そのためには巨大な資金が必要となり、金融が発達したという変化の荒波の中で、どう対処したのでしょう?

中田　現代では、イスラーム法のムダーラバ（匿名組合）形式の概念構成を組み替えることで西欧的な株式会社を設立するのが流行です。ムダーラバとは、簡単に言うと、資本提供者と労働提供者が利益を分け合う契約形態です。

本来のムダーラバとは、資本提供者と労働提供者、一人ずつの個人間の契約が想定されていました。現代では、CEO（最高経営責任者）が賃契約を結んで率いる労働者集団、いわゆる法人としての会社が個人としての労働提供者に替わり、不特定多数の株主が資本提供者に替わることで実質的な株式会社になっています。

しかしむしろそれよりもおもしろいのは、西欧の植民地化される以前のムスリム世界で広く存在したワクフ（寄進）制度です。これはモスクやマドラサ（学校）などの宗教施設に、商店、農園、家畜などの利益を生む営利事業の資産を組み合わせて寄進し、利益の一部を宗教施設の運営資金に充《あ》てる方式です。

イスラーム相続法は均分相続ですので、部族の観点からすると、一族の財産が離散する危険があります。そこで、一族の中で有能な人間を管財人に任命するという条件で、一族の資産を宗教施設に寄進し、その事業を一族で行うのです。そうすれば宗教施設の維持費を超えた利益は一族のものとなり、一族が現世でも繁栄し、来世でも天国で報償を得ることができるのです。

つまり、同族経営のメセナ（芸術文化支援）のようなものであり、家族、親族を大切にするムスリム社会に合った企業の形態です。

内藤　イスラームでは最初にできたときの基本的なコンセプトが千四百年たった今でも、変わりません。解釈の幅は一定の枠を踏み越えないように（踏み越えて勝手なことを言うムスリムもいるけど）、できている。

そこに西欧起源の資本主義の中での「会社」っていうものが乗り込んでくると、せっかく女性であっても、誰であっても、身の丈に合った「協働」をしていたのに、今度は、階層が分けられていって、いわば上下関係がはっきりして、同じレベルに位置付けられた人たちは、その枠の中だけで仕事してればいい、余計なことを考えるなっていうことで固定されてしまう。

イスラームのほうは、まずは家族の「協働」があるからファミリービジネスで、二十一世紀のいまだって、それを壊そうとはしない。もちろん、会社が大きくなれば、役員もいるし、管理職もいるし、労働者もいるんだけど、基本的なつくりがファミリービジネスだというところが動かないのは、拠《よ》って立っている根本がちがうような気がするんですよね。

欧米でも、日本でも、最近になって、また「起業」ということが言われるようになっています。政府も投資家もそれを支援しようなんて言ってますけど、あれって、「協働」の理念のようなものからはほど遠い。才能ある人間が、勝手にやればいい。才能のない人間はとっととつぶれて退場すればいい。そうすれば効率の良い企業だけが誕生して、経済に貢献するにちがいない、というような弱肉強食の世界観が映し出されているように思えるんです。

日本の社会なんて、この点ではひどいもので、これは会社に限らないですけど、組織の中で働いていると、もっと改善するためのアイデアを出せ、アイデアを出すと「出る杭《くい》は打たれる」

のくりかえしになりやすい。

昔は、ファミリービジネスを基本としていて「協働」の精神が企業活動の幹になってるようなところもあったのですが、やれグローバル化の時代にそぐわないとか言われているうちに、家族の絆をもとにした「協働」もなくなり、地域に根差した「協働」もなくなっていってしまった。

これ、資本主義、市場経済からすれば「仕方ない」ということになるのでしょうが、どうも私には納得がいかない。

人という存在が軽んじられていくだけのように思えるからです。

第3章 男女のことを「イスラム」で見ると

身体接触にはルールがあります。

中田

「そんなつもりはなかった」は通用しません。

内藤

人間はルールを作っても絶対に破る

内藤　ここからは、イスラームが持っている法的な規範、簡単に言えば人と社会のルールについて考えてみたいと思います。

イスラームって、そもそも人間が憲法みたいなものを作って権力者も憲法に服従する立憲主義の考え方がないですよね。誤解してはいけないのは、だから権力者は好き勝手にできるという意味じゃない。イスラームそのものが壮大な法の体系でもある。聖典『コーラン』そのものが「神の法」の源であって、それを上回るものを人が作れる道理がない。我々日本人にとっては、憲法というのは至高の法であって、憲法を上回る法はない。でもイスラームは「人間は自分でルールを作っても絶対に自分で破るだろう」と思ってる。

これは信徒ではない私の見方ですが、ルールが「神の法」として存在すれば、神と人間との関係において誠実かどうかというところが問われるだけです。イスラーム社会といえども、人間社会の法はほとんど「神の法」ではなくて、人が作った「人の法」ですよね。でも、ムスリムは、やっぱり人が作ったルールなんてどうせ破られるに決まってると心のどこかで信じてる。

ところが我々はそうじゃなくて、人が作った法しかありませんから、「人の法」のなかで「憲法」というのを至高の法として絶対視する。

でも、やっぱり破っているわけですよね。

日本の国の法律に対して政府が誠実かというと、どの口がそれを言う、というような状況がすでに出てきてしまっている。憲法第九条をめぐる議論なんて、その典型でしょう。第二次世界大戦で負けてから作った憲法で「戦争は二度としない」と誓ったのに、もうそろそろ変えよう、普通の（戦争もできる）国になろうよ、と安倍政権は改憲に前のめり。

戦争のことだけじゃなくて、個人の自由にも干渉できるように憲法を作り替えようとしていますね。私なんか、戦前、戦中、戦後の苦難を乗り越えた世代の親の子どもですから、二度と戦争しないという憲法九条の趣旨がいかに大事かという話は、戦争でどれくらい東京の下町（親が住んでいた）が悲惨な目にあったかという話と抱き合わせで聞かされてきました。自分が六十歳過ぎたあたりで、また元に戻ろうって話が出てくると、つくづく憲法でさえ当てにならんなと思ってしまいます。「人の法」の限界です。

世俗主義、政教分離が「排除」を助長した

内藤　それでちょっと気をつけていただきたいんですけど、先ほどからイスラームの世界に「西

洋」を対置していますが、この「西洋」というのは「キリスト教世界」のことを指しているのではありません。むしろ、キリスト教や教会から離れていった十九世紀以降の「西洋」世界のことです。

その時代になると、西洋諸国の多くは、「世俗主義」、日本では「政教分離」と言ったほうがわかりやすいですけど、政治や公の領域に、教会や宗教は出ちゃいけないんだという原則で国を作ってきた。フランスが一番厳しくやってきたのですが、「公の領域から宗教は排除する」ことを法律でも定めた。世俗主義というのは、近代を通じて、もっとも強力なイデオロギーじゃないでしょうか。

人間社会に神の手が及ばない領域を確保してしまうというのですから、キリスト教が一面を覆《おお》っていた時代とはえらく違う。教会が個人の生活にまで口を出して、人を圧したからいけないんですが、市民たちが、ここは教会も（神も）触れるな！という領域を作り出してしまった。その結果、法や社会のルールというものも、キリスト教に根ざした倫理とは無関係になってしまいます。宗教からくるようなルールは排除されたと言ったほうがいいでしょう。

そのフランスでいま何をやっていると思いますか？ちょっと信じがたいことですが、ムスリムでスカーフやヴェールを被っている人を犯罪者扱いしているんです。実際、公の場で着用すると罰せられる。こうなると、道を歩いている女性の被りものをはぎ取るような暴行事件まで起きています。しかしフランスではニュースにもなりません。

明らかにムスリムに対するヘイトクライム（憎悪犯罪）ですが、いまやヨーロッパじゅうに広がっていて、しかも、犯罪だとは認識されなくなっています。西洋というのは、片方では自分たちは「民主主義のふるさと」「人権のふるさと」「自由のふるさと」だと言っておきながら、もう片方では女性からヴェールをはぎ取っている。どこが自由なんだろうねえ。これは民主主義や人権や自由を守っていると言えるでしょうか？

中田　普通、日本では女性が服を脱がせられれば犯罪ですよね。

内藤　犯罪です。でも、ヴェールを脱がせることはフランスでは犯罪にならない。

こんなニュースがあります。ムスリムのお母さんが、子どもと海水浴をしに浜辺に行きました。だけど、ムスリムは身体を露出させることはできません。今はイスラーム風の水着というものが開発されていますので、その水着を着て全身を覆っていたんですね。そこに警察がやってきて、「それを脱げ。ここは公共のビーチだ」「こういうところで宗教のシンボルを出すのはけしからん」と言った、と。

そのことを受けて「日本のお母さんたちはみんな捕まるから行かないように」と、イギリスの新聞がからかっていました。イギリスはフランスとちがって、いまでも国教会をもっていますから、徹頭徹尾、教会を公の領域から締め出したりはしません。だいたい、ビーチが公的な場所かどうか……。

日本のお母さんたちには、ビーチに行くときは紫外線除《よ》けのために、長袖の服ですっぽり体を覆っている人が多くいますよね。あの格好をしてフランスのビーチに行くと犯罪になるという冗談です。イギリスには、ヴェールを脱がせる法律はありませんから「馬鹿げたことだ」という趣旨の記事だったんですが、すでにムスリムへの人権侵害が、人権侵害として認識できなくなっているとすると、ヨーロッパは相当に劣化したのだと言わざるを得ません。

ヴェールは宗教のシンボルではない

内藤　私はフランスが世俗主義を憲法原則としていることを批判しているのではありません。フランスでは、公の場に「宗教的なシンボル」を持ちこんではならないとされます。これは、キリスト教会が十字架のようなシンボルで人を威圧したり、信仰から離れようとした人を抑圧したことへの批判としてうみだされた原則です。

しかし、問題はムスリムの女性が身につけるスカーフやヴェールです。まったく対立が解けないんですが、ムスリムにとってあんな布切れが、イスラームという宗教のシンボルになるわけがない。先にお話ししたように、「宗教のシンボル」ということになると、宗教は公的空間から排除するという世俗主義の大原則に反することになります。だからフランスはムスリムの女性のスカーフやヴェールに対して、恐ろしいほど威丈高《いたけだか》な態度に出てくるのです。

中田　そもそものことを言うと、イスラームには「シンボル」という考え方がありません。シンボルというのはあくまでもヨーロッパの考え方です。たとえば魚がキリスト教のシンボルであるとかそういう考え方をしますが、イスラームではそもそもそういう考え方はないんです。

最近はキリスト教との対比において、十字架や赤十字に代わって「ヒラル」という新月を出して、それをシンボルだと言ってみたりしますが、それはあくまでも新しく出てきたものです。そもそもシンボルという言葉もない。スカーフやヴェールはあくまでも服装であり、義務なのです。

内藤　スカーフやヴェールを被ることが習慣になっていると、それを「脱げ」と言われたら女性の尊厳が踏みにじられることになりますよね。スカーフやヴェールはただの布にすぎませんが、「隠す」という行為が人間としての尊厳を守っているように思います。

中田　男性の隠すべき場所はおへそから膝まで。だから下さえはいていれば上は脱いでいてもいいのですが、とはいっても、上に服を着ることを慣習化していれば誰だってそんな格好はしません。中東に行っても当然そう。だからこれは、ただの慣習の話なのですよね。

「キリスト教の修道服やヒゲはOK」の矛盾

内藤 長いスカートをはいている人に向かって「お前、ミニスカートをはいてこい」と言えるのか。そんなのハラスメントに決まっているじゃないですか。それが、なんでムスリムが相手のときだけハラスメントだと気づかないのか。というより、知っているのに、ハラスメントをせずにはいられないんでしょうね。憲法を盾にとってムスリムにセクハラするとなると、この問題には、解決の糸口がありません。

先に触れたように、最近は、フランスだけでなく、他のヨーロッパ諸国でもスカーフやヴェールを被っている女性は公の職業にはつけなくなってきました。ヨーロッパ諸国では女性の社会進出を促進しているはずなのに、わざとそれを抑止しているというか、止める方向にしか動いていない。

中田 ナイジェリアのボコ・ハラムという一番野蛮だといわれている組織から一〇〇人が救出されたらしいのですけど、その写真を見ると、みんなヒジャーブ(スカーフ)をつけていました。解放後ですが全員つけているのですよ。

この救出された人の中には、もともとキリスト教徒だった人がかなりの数いたと思います。ナイジェリアにはもともとヴェールをつける文化があるのですが、一般の人はそれほどつけていません。だけどたぶん教育されて、つけていても本人たちは何も問題がないと思ってるのですね。ただこれだとマズイのでいずれ無理矢理はがされると思いますが。

でも、つけていることが慣習化していくと違和感はなくなる。そういうものなんです。

内藤 カトリックの修道女も同じ格好をしていますよね。でも彼女たちの服装に対して、キリスト教の被り物だからと引っ張って脱がせようとはしません。

あともうひとつ、ムスリムの男性はヒゲを生やしますけれど、フランス人もヒゲを生やすから、さすがにヒゲについては何も言いようがないんです。敬虔なムスリムも過激なムスリムもたいていすごい顎鬚《あごひげ》を伸ばしてますが、じゃあ、あれを剃《そ》れと言うかというと言わない。となると、結局ターゲットになっているのは女性だけでしょう。そうやって女性の尊厳を傷つける。

日本でのセクハラ問題だって同じこと。何も別に、女性にかぎったことじゃありませんが、人としての尊厳をああやって踏みにじるようなことをするのは普遍的な罪だと思います。

中田 でも本当にわからないみたいですね、ヨーロッパの人たちにはいま話しているようなことが。日本人の場合は、賛成するかどうかは別としても、論理自体はわかると思う。

なんでも法律で決めればいいというのは間違い

内藤　フランスにはカトリックの教会、教皇庁と闘ってきた歴史があります。それに対して、私は何も否定しません。教会と闘ったことによって教会権力を排除して、個人の自由を獲得していくというフランスの啓蒙の歴史は、別にそのことに問題があるわけじゃない。

だけれどそこにまったく別のパラダイムを生きるムスリムという人間が入ってきたときに、どう啓蒙しようとしたってできない。

イスラームには教会も教皇庁もないし、聖職者もいない。つまり闘う相手などはじめからいない。だから教会の抑圧から個人を解放してやるんだ、啓蒙してやるんだと言ったところで、ムスリムには何のことだかわからない。なのに啓蒙できないとなると、もはや暴力を使ってでも強引にはがそうとするわけでしょう。そんなことでフランス国内に五〇〇万人もいるムスリムとうまくいくと思いますか？

中田　これもそもそも論ですが、なんでも法律で決めればいいと思っているのも間違いなのですよ。それはもう、恐ろしいことなのですよね。人が作った法律なんて何ができるかわからないですから、本当に恐ろしいのですけどね。

法理学的には、法を人間が作るというのは非常に新しくて特殊な考え方です。法というのはもともとあるもので、それを発見するというのが本来の立場。法はあるものであって、作るものではないのです。だから作ったものというのはあくまでも「権力者の命令」です。それと法とは別。普遍的にそうだったのですよ。

内藤 日本語で言ったときの法「理」、「ことわりを発見する」という意味なんですよね。でも、「人の法」の世界では、所詮「理」を発見するのも、ある時代・ある社会を生きている人間です。ということは、社会の潮流に流されたり、権力者の都合のよいように「理」が解釈される可能性が十分あるわけです。

権力者が押し付けることもあるし、そもそも人が作った法なんていうのは非常にいい加減なものでしかないかもしれない。

中田 そうです。実際に法を作った場合も、それはあくまでも「神からの啓示」であるというふうにします。それはどこでもそうで、本来は人間が作ったという形は取らない。

しかもどんな人間が作ったかというと、麻生とか安倍とかが作っているわけですから、そんなものをありがたがるというのは本当に信じられないのですけどね。

法はあるものであって、作るものではないのです

イスラーム社会にはセクハラがない？

内藤　日本では、ようやくセクハラが問題として認識されるようになりましたが、そもそもイスラーム社会だったら普通は起きないですね。日本でのセクハラ加害者の弁明を聞いていると、「そんなつもりはなかった」とか「相手がそういうそぶりを見せた」とか、何をバカなこと言ってんだよ、と思いますね。意図や個人としての合意があれば、何をしてもいいという前提があるから、こういう言い訳をするんだろうと思うんです。

日本でも欧米の社会でも、婚姻関係のあるなしにかかわらず性的な関係を認めてもいいということになっていますが、イスラームではそれを認めない。千四百年前に神がそう決めたら、永遠に変わらない。

もちろん、ムスリムにも、セクハラする人も痴漢《ちかん》をする人もいくらでもいます。それは中田先生も否定しないと思うんですけど（笑）。

中田 はい（笑）。

内藤 そもそもムスリムは夫婦以外で男性と女性が一対一でご飯を食べるところに行ったりしないです。

中田 男性が女性に握手を求めるということさえも、イスラーム側から見たらセクハラなのです。でも今それが「ヨーロッパの文化だからやらないといけないでしょう」「握手しない人は追放する」という話にまでなっていますから、それはちょっと信じられないですけどね。

内藤 本当にそうですね。別に手だろうとなんだろうと、触ることを強制することはセクハラ。そもそも、ムスリムにはそうやって異性間で身体接触をしていいという理解がない。触っちゃいけないと信じている人たちに「触れ」と言っているわけでしょう。

中田 本当に恣意《しい》的なのですよね。イスラームでははっきりと身体接触に関してはルールが決まっているのです。イスラームではない人は「手を握るくらいだったらいいだろう」と言うんでしょうが、じゃあ「肩を叩《たた》くのはいけない」「ハグするのはいけない」というのはどこにも線引きがないですからね。「どこまで触ってもいい」というのはないですから（笑）。

内藤　イギリスやドイツはまだ手を伸ばして握手をするだけだけれど、地中海のほうに行ったらみんな抱き合いますよね。

これがまた現実には厄介なことに、ムスリムの男も相手がムスリムじゃないケースでは、身体接触をしないというルールをけっこう破ってしまうんです。トルコあたりに行く女子学生には、向こうの男性は日本人の女子学生相手にそれをやりたがるけれど、「それは本来ありえない」と言うことにしています。相手がムスリムじゃないと思って喜んで近づいてくるだけで、そんな慣習は異性間ではないですからね。

まあ、決まりを破る人はいるんです、ムスリムの中にもね。でも、「神の法」としてのイスラームは、ダメだと禁じている。

中田　そしてかなりのところまでは守られていますからね。少なくとも公然と破る人はいません。非難されるので。

内藤　二〇一八年春、テレビ朝日の女性記者に当時の財務省事務次官がセクハラ発言をした問題がありましたね。深夜に呼び出して一対一で卑猥《ひわい》な発言をしていたみたいですが、イスラーム世界で同じようなことを公の場で言ったら、まず相手女性の親族に殺されます。生きてないですね、あの次官は。

その発言が周りにいる人間に聞かれたらその場で殴り殺される。どの国にも刑法はあるし、多くの場合、ムスリムの国の法律も「世俗法」ですから、そんなことは許されませんが、神の示したルールに反していることのほうが、はるかに重大な罪だからですよね。

中田 比喩じゃなく、本当に殺されてもおかしくないですね。殺されなくても、狂人扱いされて社会的に抹殺されるかのどちらかですね。

内藤 イスラームでは、ああいうことは「人の尊厳を犯す行為だ」というふうに取られますよね、人としての尊厳を踏みにじったも同然なので。

日本でいうと、女性が一人で男性の家に行っても「それで性行為をOKしたわけじゃないことを自覚しろ」という声もありますが、イスラームではそもそも「そういうことはありえない」と言っている。したがって尊厳が犯される、あるいは身体や精神に大変なダメージを受けるリスクそのものが下がる。

逆にいえば、男（人間）はそんなもんだと思っているわけです。頭や理性で自分をコントロールできるという思いあがった発想がない。

三十年くらい前かな、日本に外国人労働者が増えてきた頃に、北関東のある町で、当時からバングラデシュやパキスタンの人たちが働いていました。彼らはムスリムですから自分たちで礼拝所をつくっていました。そこに話を聞きに行ったら、私のゼミに女子学生がいたことで、すごくマジメなパキスタン人が後ろを向いてしまった。「なにしてんの?」と聞いたら「正面を向くと邪《よこしま》な心が起きるかもしれないから、俺は後ろを向いて話す」と言うんです。

日本人は「なんでこの人は背中を向けてしゃべってるんだろう」と不快に思うかもしれないけど、「自分には理性があるから邪なことはしない」なんて誰が言えるんだと思っているんですね。口で言うことはできても、それは神に対して嘘をつくことになるかもしれない。だったら後ろを向いているほうがマシだと。人間が頭で、理性でなんでもできるなどとは露《つゆ》ほども思っていないですよね。

中田　そうですね。事故は起きるということですね。事故は起きて当然ですから、その事故が起きないようにすることが重要であるという立ち位置です。だから最初からそういう機会を作らない。そもそも密室だと、あとで水掛け論になってしまいますからね。

頭や理性で自分をコントロールできるという思いあがった発想がない

公共の場で全裸はアウト

内藤　最近だと、二〇〇八年にドバイでイギリス人の男女が浜辺で性行為に及んだということがありましたね。あのときには本当に「死刑にしろ」という声は出ていましたから。あれはまさしく姦通《かんつう》が成立する要件を満たしたわけでしょう？

中田　姦通の要件というのは婚外交渉です。正式な婚姻契約を交わしていない性交はすべて姦通です。ただし罰の軽重は未婚と既婚で違い、既婚者の姦通は男女問わず石打ちで死刑、未婚者も男女問わず笞《むち》打ち一〇〇回です。

問題は、公然としてしまうことです。プライベートな場所で何をしようと基本的には干渉しないですが、路上に停めてある車の中ですからね。そういうことは許されない。

内藤　最近（二〇一七年）、日本人もやっちゃいましたよね、ドバイで。四人以上の人に目撃されていて……あれはもうアウトですね。

中田　まあ、ただ日本人ですからね。日本人というか異教徒なので、別にどうでもいいといえばどうでもいいのですけど。ただ、そういうことを公然とやるということが問題です。

普通、異教徒の場合はハッド（法定刑）の対象にはなりません。ただ、異教徒もイスラーム世界の中で生きているのであれば、イスラーム法に公然と反してはいけないというルールはありますから。反してしまうと基本的には追放です。そこにいる権利がなくなるので。

内藤　イスラーム社会で働いている日本人女性からすると、非常に危険なことになりますね。日本人はそういうケダモノと同じようなことをする民族なんだというふうになると危ない。

本来、ムスリムの男性は、異教徒であろうとなんであろうと女性と距離を取りますが、異教徒がイスラームのルールを真っ向から無視するようなことをするとムスリム側も「だってあいつらも自分で無視したんだから何をされてもいい」となってしまう恐れがでてきます。

昔、ある芸人が、トルコで日本のテレビ番組のために何かのパフォーマンスをした。下着を着けている間は、観客はわりと笑いながら見てたんだけど、調子に乗って全裸になって、危うく撲殺《ぼくさつ》される寸前までいったことがありました。

人が見ているところで裸体を晒《さら》す、とくに性器を晒したということで、見ていた人間が激昂《げっこう》した。あの行為は人間のすることじゃない、となると激怒した人は相手を殺してしまうこともありうる。ただ、トルコというのは世俗の国家ですから、警察が割って入って、なんとか彼を救出しました。しかし、その場にいた人たちは、家族も一緒に見ていたので「なんたる人でなし！」と激怒したわけです。

そのあとに、首都のアンカラにある大学に留学していた女子学生から「非常に恐怖を感じている」と連絡をもらいました。日本人というのは、ああいうことをするんだというとんでもない印象を与えてしまったのです。アンカラなんて夜に女性が一人で歩いていても、それまではまったく問題なかったのに、声をかけたり近寄ってきたりする男が増えたそうです。

第4章
貧困問題を「イスラム」で解く

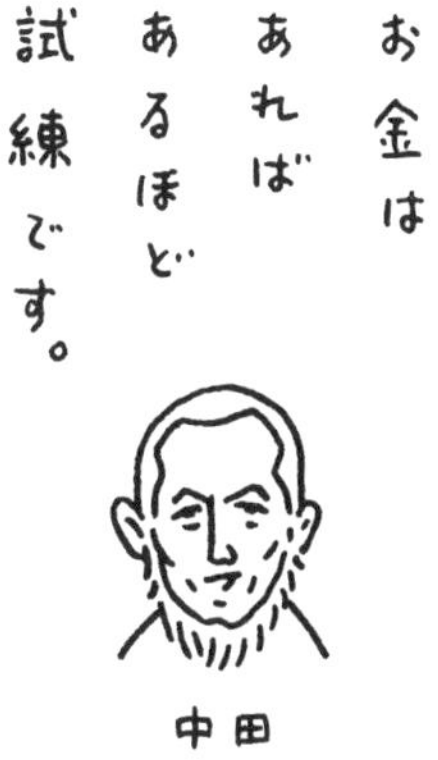
お金はあればあるほど試練です。
中田

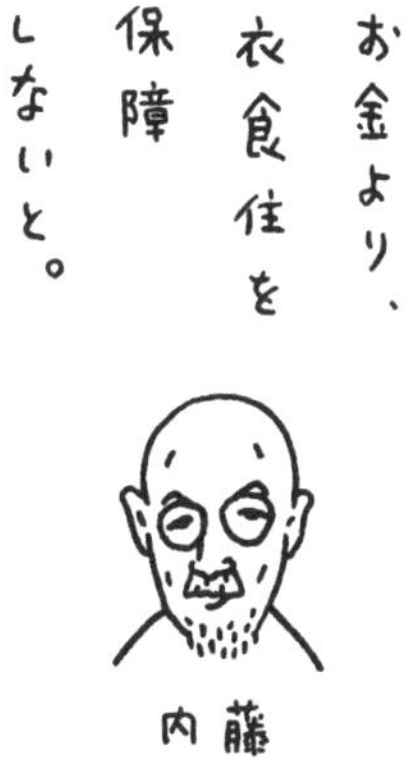
お金より、衣食住を保障しないと。
内藤

日本人の言う「貧しい」はバーチャル

中田　イスラーム神学的にいうと、お金はあればあるほど試練です。ないほうがいい。これは、本来はイスラームよりもイエスの教えなのですね。「富んでいる者が神の国にはいるよりは、らくだが針の穴を通るほうがもっとやさしい」（マタイによる福音書一九章二四節）と言っている。なんで「お金のことで思いわずらうな」と言って、あんなアメリカみたいな社会ができるのだとは思います。思いますが、本来はそうなのです。

お金はなくても生きていける、神様がすべて養ってくださるというのが基本です。

これはむしろ、実は日本のほうがそうだと私は思います。

日本は本当に食べるものを見つけることができない人間がいないわけですから、本来であれば何も心配する必要はない。「貧しい」と言っているのはバーチャルな世界です。アフガニスタンの地方とか本当に貧しい世界を我々はよく知っていますが、貧しい世界には本当にものがない。

本当に貧しいと盗むものがありません。盗むものがないから、盗んだら殺される。

いま日本で、結婚に関して「お金や仕事がないから結婚できない」という理由があげられることがあります。でも定職どころか、その日の食べ物にも事欠く難民キャンプでだってたくさん結婚しています。

国籍がないような人たちでも結婚できるんです。日本みたいに「収入がないから結婚できない」というのはバーチャルな妄想です。妄想の中で生きているんですよね。

私はリアリティに基づいて言っているのですが、こういったことを言うと「理想論だ」というふうに思われてしまうのがおかしい。私はあくまでも自分の目で見たリアルなことを言っているのですよ。ところが彼らは自分たちが妄想を持っているというのはわからないんですね。頭の中で生きているので。

内藤　ある意味、日本人の全然知らない「贅沢」というか、生きる喜びを知っている。

中田　そうですね、贅沢ですね。本当に水道もない、電気もないというところはアフガニスタンのようにいくらでもある。食べるものもない。それでも人々は生きています。

それに比べて日本の貧しさというのはあくまでも頭の中の貧しさですから、逆にいうと解決できるんですよね。

内藤　昨年（二〇一六年）のことでしたか、ＪＩＣＡ（国際協力機構）と外務省からシリア難民の大学院生を日本に受け入れるという通知が来たんですよ。五年でたったの一〇〇人です。一年に二〇人、全国の大学に。その申請の条件に「妊娠している可能性のある女性は応募できない」というのがありました。後で撤回しましたけどね。

これはいったいどういうことだと憤慨しました。「心身共に健康であること」ということも条件に書いてありましたね。難民ですよ、相手は。生きるか死ぬかという思いでふるさとを離れて、あてもなく異国の地をさまよってきた人たちじゃないですか。心にも身体にも傷を負っていることとなんて、いくらでもありえます。

「健康」な人だけ受け入れろというなら、この制度にはのりたくないと思いました。人間をこういうかたちで選別する発想には同意できません。

それでいて日本は少子化が深刻だという。それなら、難民を受け入れて、ちゃんと教育もして、働いてもらって、結婚も自由にして、日本で子どもを産んでもらって、税金や社会保険料も納めてもらって、日本国籍も取ってもらえばいい。それをダメだと言うのは、「血統主義の妄想」ですからね。その観念だけにとらわれている。

かたや、ムスリムはそういうものから自由である。

どちらが本質的に、人間的な姿を表しているかというのは少し考えたほうがいいんじゃないかと思います。国家の枠組みや国家の制度の中だけで生きていなければいけないと、誰が決めてしまったかといえば、近代西欧で生まれた領域国民国家というものが、そう決めた。

中田　そうなのですよね。とくにいまはバーチャルな世界なので……。マネーゲームだってそういうものですから。「お金が貯まった」「これで老後が安心だ」とか言っているわけですよね。たぶん、みんな金切れになると思いますけどね。

だからバーチャルなものなのに、それがリアルだと思っている。それこそ我々からすると偶像崇拝です。でもそう言っていると「理想論だ」「空論だ」とか言われるんですよね（笑）。

お金はあればあるほど試練です。ないほうがいい

イスラームは本当の意味での自己責任

中田　それに日本だと、本当に貧しかったら二重に被害を受けます。貧しい上にバカにされて、嘘つき呼ばわりされますから。自己責任というふうに言われたり。セクハラを受けている被害者の人が非難される側になるのが、今の日本です。

内藤 そうですよね。日本での貧困は救いがない。「自分の努力が足りないからだ」というふうに言われたりする。まったく救いのない方向にいってしまいます。

イスラームでは、そういう「自己責任」という考えってどうなんでしょうか？

中田 自己責任は自己責任というか……それはもう、完全に自己責任なのですね。「神の前にひとり立つ」というのがイスラームですから。

ただイスラームでの自己責任というのは、あくまでも能力はみんな違っているという前提があったうえでの、神の前での自己責任です。

内藤 人に対してじゃないし、ましてや国家に対しての「自己責任」ではない。

中田 「自己責任」と言っている政治家たちなんて、なんの責任も取らない人たちです。イスラームでいうのは、本当の意味での自己責任。つまりそれは、その人間にしかわからないということです。自己責任ですから自己にしかわからない。それは最後の審判の日にしかわからないんです。他人を責められない。

生活保護はお金ではなく「衣食住」の提供で

内藤　日本だったら生活保護というかたちで国家が補助をしています。でもそれに対していまは非難も出たりしている。最悪ですよね、そんなこと。むしろ、これからは健康ならいくつになっても働けということにもつながるのでしょう。

この問題には、二つの側面があるように思うのです。

一つは、高齢化が進んで公的扶助が限界だから、貧乏人の面倒まで見られなくなったと言っているという側面。

もう一つは、確かに、家族で支えあう、あるいは身近な人同士で支えあうシステムが消えてしまったという側面です。

すべて、公的な福祉制度にまかせるのが福祉国家のあり方だという考えもあるでしょうが、どうも、そこは違うかなと私は思います。助けあったり、支えあったりするのが、無味乾燥な行政の制度だけではなくて、もっと、「街」というか、ローカルなコミュニティのレベルで、「義務として」ではなく、自発的にやっていこうとする価値観が消えてしまっているのはまずいなと思うのです。

イスラーム圏の場合、貧困層に対して為政者がやることは衣食住を与えることですよね。

中田　そう、衣食住。具体的に衣食住なんですよ。〝イクサー〟着させること、〝イトアーム〟食べさせること、〝イスカーヌ〟住まわせること、なんですね。お金じゃない。

日本の場合、お金が介在するせいでおかしくなっているところが大きいと思います。私の友人が貧困の救済活動をやっていたのですが、お金をあげてもすべてパチンコですってしまっておしまいとか、そういう話が多いんですよ。あるいは麻薬とかに変わってしまっておしまいということさえある。そうでない人ももちろんいますけどね。

お金じゃなくて、具体的に食べものなどを与える。そうするとそれがパチンコに変わったりはしません。

内藤　衣食住を与えるのが基本ですね。それをやらないと、為政者がダメなやつだということになる。「いまの政治家はダメだ」と言って、それがだんだんイスラーム的な社会運動、政治運動に発展していきます。単に、国家をはじめ行政に金をばら撒《ま》けというわけではないのですが、困っている人たちをよそに、自分たちが私腹を肥やし「それはいかんだろう」という民衆の声を警察や軍隊をつかって潰してしまうことは、イスラーム的な公正に反すると考えるのだと思います。

単に、お金を与えることが義務だという考え方ではないですね。

中田　ないですね。むしろお金を与える場合は共同事業というかたちになるのですね。私もそれがいいと思っています。

相手を信用して、能力があると思ったら、お金を与えるのではなく貸すのですね。貸すというか、投資して「一緒に仕事しましょう」ということになるのです。

内藤　それって、イスラーム銀行の考え方の原点ですよね。みんなでお金を集めて、ある人に投資するなり貸すなりしましょうと。その結果、貸した人の事業がうまくいけばリターンが返ってくるし、うまくいかなければそれまでですよということで。

中田　ヨーロッパの近代になると、「魚をあげるより、魚を釣る方法を教えろ」とよく言いますけど、実際には釣り方を教えても魚が釣れない人間はいっぱいいる。そういう考え方はありだとは思いますけど、釣れない人間のほうが貧困層の中には多いのですよ。そういう人間には釣り方を教えたって仕方がないので、魚をあげないといけない。

そのあたりではイスラームは、いまも言った通り、才能があれば育てて助ける。助けるというか、それは自分のためにもなるのですよね、共同事業ですから。そっちのほうが合理的ですよね。

内藤　たとえば旦那さんが亡くなって奥さんだけ残っている家族がいる。そういうとき、喜捨として集めたお金から、本当に困窮していれば衣食住のためにお金も与えますが、たとえば牛を与える。

牛を与えるということは、そこからミルクをとって売ることができる。つまり、非常に原初的ですがビジネスですよね。牛を与えて生計を立てられるようにする。魚を釣るのは大変ですが、牛はほぼ毎日ミルクを出してくれますから、商売ができるようになる。

中田先生が言われた通り、日本でも生活保護のお金をもらってすぐに競馬に行ってすっちゃう人って実際にいるわけです。それだと「お前なんなんだ」という話になってしまう。だとしたら衣食住をちゃんと保障して、その上で今度は事業を保障する。そのほうが合理的だと思いますね。

中田　しかも日本の場合だと、生活保護の援助は働くともらえなくなってしまうのですよね。一律で規則を作ろうとするとそうなってしまうので、イスラームではそうじゃなくて、基本的には知った人間がやることが大きいのです。知った人間がやるからこそ判断ができる。「この人間にはお金を渡しても大丈夫だ」と思う人間には渡します。それこそがまさに自己責任。渡した人間の自己責任なのですよ。その判断を誤ればその人間が損をする。目の届く範囲で、お互いが知り合っている人間がやるということなのですね。

内藤　国家じゃなくて、日本的にいうならばコミュニティがやるんですね。あるいは親族がやる。

よく社会福祉などの西洋的な観念からいえば「イスラーム世界ではその制度が発達していない」という言い方をしますが、発達していないのではなくて、国家がそれをする筋合いがないと考えているんですね。むしろコミュニティが機能していると捉えたほうがいい。

中田　アメリカのほうがそのあたりの感覚はわかると思いますね。アメリカにはそういった中間団体がたくさんありますが、日本はあまりないので。

内藤　そうですね、アメリカは国民皆保険の考え方にいまだに抵抗が強いですからね。

「この人間にはお金を渡しても大丈夫だ」と思う人間には渡します。判断を誤れば損をする。それこそがまさに自己責任

貧困層に住宅を与えたエルドアン政権

内藤 トルコという国は、イスラーム圏の中では珍しく、かなり無理をして「西洋的な国のシステム」というものを作ってきた。近代化に宗教は邪魔だとしてイスラームを排除していたんですが、そうするとやはり国家が回らず、貧困層が増えてしまいました。

富の一部を喜捨しなさいという「神の法」あるいは「神の道徳」が機能しないように国造りをしてしまったんです。そうなると今度は、貧しい人たちから「国は何もしてくれないじゃないか」という批判が噴出してくる。

こうして建国（一九二三年）から八十年以上たって、イスラーム政党が選挙で選ばれるようになっていきました。これは、経済格差というものが西欧的な仕組みの近代国家では解決しにくいことの裏返しだと思うのです。

いまのエルドアン政権はイスラーム的な扶助のシステムを最初にバシッと作っていますね。家を持てない人に家を提供した。だから磐石《ばんじやく》の支持を得ています。

一九六〇年代から九〇年代までは、地方から出てきた人たちが大都市の周辺の丘のところにべったり張り付いて住んでいたんです。勝手に家を作って。ゲジェコンドゥ（一夜づくり）と呼ばれていました。

私がアンカラ大学にいた九〇年代は、イスタンブールでもアンカラでも、大都市人口の半分以上がそういうところにいた人たちです。スラムというほどひどくないですが、上下水道や都市ガスのようなインフラはありませんでした。電気だけはかろうじてありましたけど。

いまの政権は、その土地に近代的なアパートを建てて、ただ同然で貧しい人たちに提供したのです。

トルコの前身オスマン帝国では、私有権が確立されていない土地は公有地でした。いまのトルコ共和国になってからも、私有じゃなければ国有地だという観念はあまりなかった。だから地方から大都市に出てきて、私有権のない土地に彼らは勝手に住みついてしまったんです。そのため地主との間のトラブルが起きるということはなかった。（誰のものでもない）公有地に勝手に住んでいたので。

中田　そうなのですよね。公有地なので誰のものでもない。国のものでもないのです。

内藤　いまの政権は、その公有地に、いわば自然発生集落を作って住みついちゃった人たちに、まず登記証を渡した。私有を認めたんです。貧しい人たちは、一夜にして地主になった。これがまず奇跡ですから、与党の公正・発展党（AKP）という政党に絶大な支持があつまった。選挙でも圧勝する。次に登記証を渡した貧困層に、「その登記証をもう一回政府に戻してくれたら、ほとんどただで近代的なキラキラするような家をあげよう」ということをしたんです。

建設業者が集められて、まずは貧困層向けの集合住宅の建設が始まりました。そこまでは建設業者の持ち出しです。貧困層の人たちは、登記証だけもっていても家を新築する余裕などありませんでしたから、こぞって新しい集合住宅に移ります。それも賃貸ではなく持ち家ですから再度登記できるのですが、マンションの区分所有と同じことですから、土地よりもずっと安くなります。

最初に勝手に住みついた土地の登記証は公共住宅を作った建設業者の手にわたり、彼らはゲジェコンドゥを更地にして高級マンションを次から次へと建てて大儲けしていきます。もともと貧困層が住んでいたゲジェコンドゥは既存市街地のすぐ外側にあったので、都市人口が急増したせいで地価は跳ね上がっていたのです。つまり、政府は公有地を私有化させることによって、無から有を生じさせたんです。

これを実現したのですから絶対に選挙に勝ちますよ(笑)。衣食住の中で一番お金がかかるために貧しい人にとっては一生実現不可能だった夢の「住まい」を実現した。

イスラーム政党が政権をとる前は、中道右派やら中道左派やらの世俗的な政党が入れ替わり立ち替わり政権の座にあったのですが、まったく貧富の格差を縮めることはできなかった。貧困層に夢を与えることもできなかった。なかでもダメだったのは、左派を名乗っていたイスラーム嫌いの共和人民党（CHP）という政党で、本来、弱者のために仕事をすべきだったのに、これが西洋化＝近代化しか言わないエリート政党で、何もしなかったんです。

中田　というか考えつかなかったでしょうね。荒地というか、持ち主のいない土地は誰のものでもないから、誰でも使えるのだということを。

イスラーム的には当たり前なのですけどね。

内藤　そして、その群がった建設業者はもちろん今の与党の強力な支持基盤ですから、与党の懐《ふところ》も大変豊かになった。イスタンブールでもアンカラでも、超高級マンションと貧困者向け住宅が並んで建っています。

エルドアン政権のおおもとにあるのは、イスラームをちゃんと知っていたということに尽きると思います。一生そんなところには住めないと思っていた人たちも、ただ同然で家をもらったわけでしょう。現政権が正しいことをしたと思うだけです。

第5章 イスラムが「心の病」に効く

人の言うことは気にしなくてもいい。

中田

日本社会はストレス軽減が下手。

内藤

ムスリムはうつ病になりにくい？

内藤　これははっきりと言い切ってしまっていいものかわかりませんが、ムスリムはうつ病になりにくいと私は思っています。

うつ病そのものは誰だってなるものだし、ムスリムだってなりますけれど、ただその前の「深刻なストレス」というものをかわす術《すべ》をもっているのではないかと思うんですよね。イスラームは、ものごとの結果責任が自分に返ってこないようにできているので。

うつ病に関してよく言われるのは、責任ある地位についていたり、真面目な人のほうがなりやすいということですよね。それって要するにストレスとして心身に負担がかかっているということでしょう。あまりムスリムにそういう人を見たことがないんですよ。

中田　たぶん医学的にも少ないと思いますね。

内藤　もちろん、家族にまつわる問題なんかの場合にはものすごく大きなストレスがかかるから、ストレス要因がまったくないとは言わないんですけど。少なくとも仕事のストレスというのは日本人に比べるとずっと少ないように思います。

中田　そうですね、仕事のストレスというか仕事をしませんからね（笑）。家族の場合も外向をする。うつになるよりかは、むしろ暴力的になります。
　日本ではいじめ自殺なんかもありますよね。なぜいじめられたときに、相手を殺さずに自分が死のうと思うのかと疑問です。ムスリムだったら、本人かあるいは家族が相手を殺してしまうのでああいうことは起きません、そもそも。

内藤　たしかに……いじめが起きると、いじめられた子の親が一族総出で反撃に出てきますよね、だからそんな恐ろしいことは普通はしない。

　ここにも、イスラームが社会の核として家族というものに大変な重さを持たせていることが表れています。そして、家族は構成するメンバーを徹底して守ろうとします。欧米や日本の社会で、家族が崩壊して「個人」が重んじられるようになって久しいです。私は伝統的な家族観は絶対視しませんが、人を守る最後の砦《とりで》としての家族はあっていいと思うんですよね。

中田　ちょっと話がずれますが、最近の日本の大学院生のうつ病率はものすごく高いみたいですね。私は普段そのあたりの人としか付き合っていないので、それが普通だと思ってしまっていたのですけど、健康な人間もいるということに最近気がつきまして（笑）。
　一万六〇〇〇人くらいの母体で、一〇〇〇人程度が「死亡・不詳」（平成三十年度、『学校基本調査』）というのは、けっこうな割合ですよね。でも同時に納得もしてしまって。たしかにそんなもんだなと。

内藤　私の博士ゼミの学生は留学生が多いのですが、全員ムスリムです。彼らと比べると、日本人のほうが精神的なプレッシャーが大きいように感じます。たぶん、留学生は、なんで日本人がそういうことになっているのかがわからないだろうと思います。

中田　単純に、留学生たちにはバラ色の未来が待っているのですよね。帰国したら国のエリートになりますから。でも日本だと、博士号をとっても職がない。エリートになるどころか、コンビニでバイトするか何かして、どうにかしてお金を稼ぐという話ですから。

　ストレスの話に少し戻ると、仕事のストレスを受けることは少ないと思いますが、まずやはり種類が違いますね。内藤先生もおっしゃっていましたが、親族と会えないとか、家族関係のことは、彼らにはすごくストレスになります。むしろ日本と逆ですけれどね。

内藤　そうですね、日本では、会わないほうがいいということもありますね(笑)。昔、KINCHOの宣伝で「亭主元気で留守がいい」っていうのがありましたよね。それをトルコ語に訳して向こうの人に言ったらね、みんな真顔で怒っちゃった。なんでこの人たち、こんなにマジになるのかと思ったんですが、やっぱりそれは彼らにとってはありえないことなんですよね。一見すると行動様式は世俗的な人であっても「いや、それはない」「なんてこと言うんだ」って言っていました。
日本社会は、ストレスを軽減するための知恵をうみだすことが本当に下手だと思うんです。どんどん逆の方向に行ってしまう。「個」を確立するのはいいんですが、反面、ものごとの結果責任が怒濤《どとう》のように本人に押し寄せてくるんじゃ、生きているのもつらい。イスラームがもっているストレス軽減の知恵、言い換えれば「癒《いや》しの知恵」に学ぶべきところがたくさんあると思っています。

ムスリムはなぜ自殺しないのか？

内藤　この何年か、イスラーム社会の話をする機会が多いのですが、自殺が少ない、うつになりにくいという話をすると、必ず「ではなんであんなに自爆テロが多いんだ？」という質問を受けます。テロ、それも本人も死ぬようなテロは、ムスリムではない人にとってもっとも納得できない点です。

中田　ムスリムというと、日本人はすぐにテロのイメージが浮かぶと思いますが、テロにはムスリムかどうかなんて関係ありません。

特に最近増えてきているように思いますが、車で人の列に突っ込むとか、包丁で切りかかるとか、正直言って敵意さえもっていれば誰でもできるわけです。教義と関係ないのですよね。いままでは、日本はあまり敵意がなかっただけ。テロなんて、ムスリムの思想にも教義にもありません。ひったくりであってもそう。

逆に言うと、テロなんて誰にでもできるということがいまは明らかになっています。いままで起きてこなかったのは、やる気がなかったからですね。テロをしないのはやる気がないから。別に治安機関が一生懸命頑張ったからじゃなくて、誰もそんな馬鹿馬鹿しいことやりたくなかったのでやらなかっただけ。ところがそれを、テロが起きるたびにマスメディアで大々的に取り上げたりして、やりたいという気にさせるようなことばかりをやっても仕方がない。

さらに言うと、基本的にはテロというのはどうでもいいことなのです。テロは観客がいてはじめて成り立つものです。

もっと大切な問題はいくらでもあります。たとえば自殺。いま日本では自殺者の数が少しずつ減っていますが、それでも年間二万人以上死んでいます。

内藤　今日はその話を先生としたいなと思っていました。ムスリムは自殺しないですよね。なぜ自殺しないんでしょうか？

中田　というかむしろ、逆に「なぜ自殺するのか」ということのほうが問題なわけですよね。なんでわざわざ自ら命を落とすのか。だって人間、放っておいたって死ぬわけですから、別に自殺なんてする必要ありません。でもそれをしてしまうということですよね。

何年か前に、イギリスで「人に硫酸をかける」という行為が問題になりました。何百件も起きたほどで、当時流行《はや》っていたんですよ。流行るというのは要するに、報道するからなのですね。これは自殺でもそうです。たとえば有名人が自殺するとその自殺の仕方が流行る。報道しなければ誰もやらない。全然流行らないわけなのですね。

ですからそういう意味でも、テロのことは放っておいたほうが一番いいんです。それよりもはるかに重要な問題はいっぱいある。

内藤　……なかなか過激なご意見ですが、要するに、テロというのは本当に敵として戦わなければいけないという切迫した宗教的な意図など関係ない。イスラームでのジハード（聖戦）とは結びつかないということですね。

見世物としてやるから大きく報道され、報道されると流行りだすということですね。巻き添えにされる側からみると、とんでもない身勝手な行動です。

中田　でも、いまの日本で、十五〜三十九歳の一番の死因は自殺です（平成二十八年度、『自殺対策白書』）。なによりも自殺が多くてたくさん死ぬ。公式な統計でもけっこう多いんですけども、日本はほとんどを不審死にして片付けてしまうので、かなりの多さで自殺なんです。

ムスリムはなぜ自殺をしないかというと、まずは自殺が禁じられているということがあります。なぜ禁じられているのかというと、イスラーム教では基本的に自殺と他殺を区別しません。

「命は殺してはいけない」という教義があるのですね。

「命というのは、神が殺してはいけないとしたものだから殺してはいけない」。これが基本です。

自分の命も他人の命も同じ命ですから、殺してはいけません。なぜかというと、イスラームの教えだと「すべてのものは神を讃《たた》えるために存在する」「神を讃えるために生きている」ということが基本です。命というのは神を讃えるために、神に仕えるためにあるものなので、それを奪うことは許されない。自分の命は自分のものではない、ということです。

自分の命は自分のものではない。神を讃えるためにある

本当の貧しさは、盗むものさえない

中田　これは命だけではなくて、お金もそうです。現代の我々の考え方だと「自分で働いたんだから自分で好きに使えばいいじゃないか」というふうに思うわけですが、自分で働いて稼いだと言っても、「自分」ってそもそも誰からもらったものなのか。「自分」を自分でつくった人間はいないわけなんですよね。

「働くことができる」という健康な身体もそうですし、あるいはそもそも空気がなければ働けないわけです。

働きたくても働けない人間はいくらでも世界にいる。シリアの難民たちだってそうですね。そもそもそういった状況自体、自分でつくったものではありません。すべて与えられたものであり、それは命もおなじです。そもそも自分のものではないのです。もらったものですから。それを勝手に処分しちゃいけない、というのが考えの元にあるんですね。

なので「自殺はしてはいけない」という教えもあるのですが、それだけじゃない。先ほども言いましたが、そもそも「自殺しよう」ということ自体がおかしいんです。

では、なぜみなさん自殺をするのでしょうか。まぁいろいろありますけれど、特に日本の場合はまず本当に貧しくて死ぬ人間というのはあまりいません。

日本は貧しくない。

昔、私がエジプトにいたときは物価水準が日本とエジプトで一〇倍から一〇〇倍違いました。日本から行くと、本当に金持ちだ！　という感じだったんですよ。学生時代にイランに行ったときも、五つ星ホテルに泊まりました。日本でいう帝国ホテルだとかそういう、学生には手も出ないようなホテルに、当時五ドルから一〇ドルで泊まれたのですね。なので、日本の学生が行っても向こうの大臣クラスの生活ができた。そういった日本が相対的に豊かだった時代を知っているので、たしかにいまの日本の若い人たちがある程度貧しいという気持ちはわかります。でも実際には貧しくはないです。本当に貧しいというのは……本当に貧しいところを見てきましたから。

たとえばアフガニスタンやシリアに行くと、そもそも盗むものがありません。いまの日本だと、本当に貧しければコンビニに行きゃいいのです。コンビニ行ったら、食べるものでもなんでもある。なんでもとれるわけです。

内藤　「金を払って」という意味ではなくて、あるところから持っていけばいい、ということですよね。もしくは、富める者が買って与えてやればいい。ものそのものはあるわけですから。

中田　そう、本当に貧しければ持っていけばいいのです。それで捕まったとしても、捕まったら刑務所に入れてくれる。刑務所ではお医者さんまで付けてくれます。私は医者にかかりたくないので刑務所に入りたくないのですけどね。まぁそれはいいのですけども。

内藤　先生、無茶しないでくださいよ（笑）。

中田　本当に貧しいというのは、そもそも盗むものがないことです。盗むものがないから人のものを盗む。するとその場で殺されてしまう。それが本当の貧しさというものです。

ですので、あくまでも我々の思っている貧しさというのは頭のなかにあるものなのですね。頭のなかにある幻想の貧しさです。自殺する人も本当に貧しいから自殺をするわけじゃない。「生きていけない」と思っちゃうのですね。でも別に生きていけるんですよ。それなのに、仕事がなくなったり、受験に失敗したり、就職がうまくいかなかったりとか、そういうことで死んでしまう。

ストレスを遮断するメカニズム

内藤　精神科医が言うには、「死んだほうが楽だ」と思うのが、自殺をするそのかなり前のステップにありますよね。「生きるよりも死んだほうが楽だ」という。お医者さんは、そういう精神状態になればなるほど、かなりうつの状態にあるというふうに説明します。

そもそもうつは、なんらかのストレスがかかったときになりやすい。それはわかっているんです。

ストレスってほとんどが目か耳からです。あんまり、食べたものがマズくてストレスになって生きる気力を失ったというのはない。イギリス人でも生きてますからね、そういうことはないんですね（笑）。

そのなかでも特に人間関係だったり、あるいは仕事がうまくいかない、なにをやってもうまくいかない、責任を被せられる。まぁ日本的にはいろんな説明をするんですけど、どうもムスリムってそういうところのストレスを遮断するメカニズムを持っていませんか。

中田 そうですね。基本的には、日本人が感じるようにはストレスを感じない。まず、他人の評価はあまり気にしないというのがありますね。

これも国民性によって若干違うのです。彼らも彼らなりにものすごく気にする部分もある。イスラームの教えの基本は、「人の言うことは気にしなくてもいい」ということなのですよね。神様が認めてくれればそれでいいわけですから、人がなんと言おうとかまわない。それが基本の基本の基本です。誰がなんと言おうと、「私は自分で神様に従っている」と思えばそれでいい。

あと、イスラーム教には聖職者はいないので、ほかの人が何も言わないのです。

内藤　そこも重要なところですよね。坊主がいないんですよね、実は。だから神様になり代わって、「あなたの罪は赦《ゆる》された」みたいなことを言う人がいない。カトリックでは司祭さんの前で、「懺悔《ざんげ》」をすると言いますよね。ところがそれがいない。

信者と神様との直接の関係しかない。だからそこで他人がなんと言おうとどうでもいい。この「懺悔」とか「後悔」とかって、ひとつ大きな問題が隠されているように思うんです。自分がやった行為に対して反省するということに力点が置かれていて、「悪いことをしてしまったから、今度はよいことをしよう！」という前向きな発想が出てこない。だから、いつまでもぐずぐず答えの出ない「反省」にとらわれてしまう。でも、やってしまったことはやってしまったのであって、ある意味、後になったらどうでもいいんですよね。

中田　そう、どうでもいいのですよね（笑）。

神様が認めてくれればそれでいいわけですから、人がなんと言おうとかまわない

誰も、「働け」とは言わない

中田　「働け」ということも基本的に言われないです。そもそも「働く」という言葉自体がない。と言うと変なのですが、少なくともコーランや古い用語を見ていてもありません。

ただ「アマル」という言葉はあって、それが現代では「労働」という意味で使われます。けれどたとえば「アマル」「アマルしなさい」というのは、「よいことをしなさい」ということなのです。「よいこと」とは何かというと、喜捨をしなさいとか、断食しなさいとかですね。そういうことをしていると、「今よいことをしているから、今日も一日よいことをしたな」と。「よいことをたくさんした」というふうになる。それが「働く」ということなのです。

誰も、「働け」なんて言わないんです。

内藤　それが千四百年来積み重なっているんですからね……。価値として人間のなかに積み重なっている。これは死なないですわ。自分で命を絶とうなんて発想がそもそもないですよね。

イスラームを知らないと損をする

内藤正典

ムスリムの声を聴きたくない人たちは、ずいぶん、損をしていますよね。物事の判断をするときに拠って立つ基盤をもっているムスリムと、もっていない無神論者。気の毒だと思うけど、無神論か、そこまでいかなくても神の存在を身近に感じないで生きている人には、人生が重すぎると思うんです。

私自身は特定の信仰の信者ではありませんが、子どものときに教会に連れていかれ、成長してからも、こうしてムスリムの世界について研究をするなかで、ムスリムが一つ一つの局面で、どう判断して行動するのかを見てきました。私たちの理屈からは想像もつかないような、そしてそれが問題の解決や苦痛の緩和に役立つ知恵をもたらしてくれることに感嘆したものです。今の私は、絶対者としての神の存在には疑問をもっていません。神が人間に下した啓示の一つ一つが、こういう知恵の源泉となっているのですから、やはり偉大なことです。

二十世紀は、その神の意志を必要としない、と人間が錯覚した時代でした。科学や技術の発展で、もはや神にすがる余地はなくなったし、数式と論理で物事は解き明かすことができる。そう信じた時代でもありました。

しかし、科学が発展すればするほど、ますます人間はわからなくなっていきます。おまけに、人間社会のつくりそのものが変わっていくので、新たに目の前に立ちはだかるあらゆる問題に、人間は、神の啓示なしで答えを出さなければいけない。これがしんどい。

よく事故や事件の報道で、「どうして我が子は死ななければならなかったのか」と悲嘆にくれる家族が言います。しかし、人為的なことで死ななければならない人などないのです。

一瞬にして、愛する人を奪うような理不尽なことをなすのは神をおいてほかにない。そう考えたほうが、どれだけ苦しい気持ちを和らげてくれるでしょう。

それに、イスラームは殺人について同害報復を認めます。人と人との関係について、神がそう定めているのですから、いちいち国家の手に委ねる発想がないということです。こんな目に遭わせた人物に復讐してやりたい。復讐を野蛮と決めつけたのは、ごく最近の西洋世界です。しかも、その野蛮な復讐を戦争が起きるたびに存分にやってきたのも西洋世界でした。結果として、国家に復讐をゆだねるという回りくどいやり方をしているにすぎません。

イスラームの法は、神対人間、人間対人間のふたつに分けて、各々、神が指示を出しているから、大変シンプルだし、さすが神様だ、えらいということになって、それ以上答えの出ない悶々《もんもん》とした思考をつづける必要もないのですから。

第6章 イスラムが高齢社会に効く

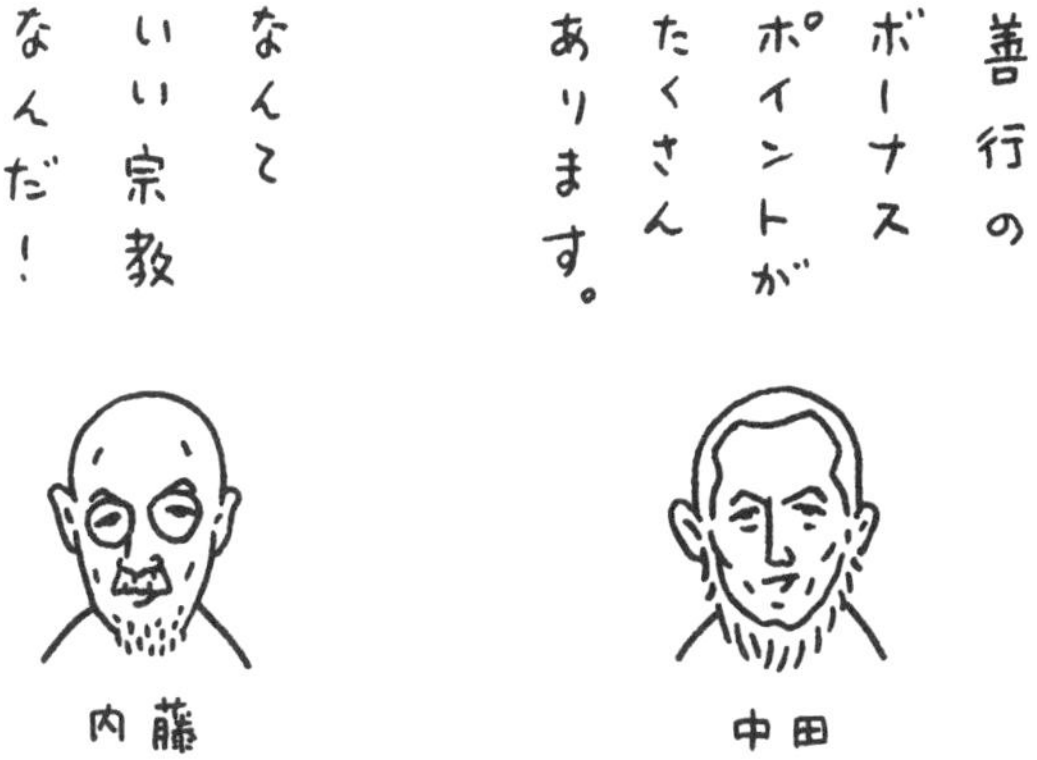
善行のボーナスポイントがたくさんあります。
中田
なんていい宗教なんだ！
内藤

治療してもいい。だけどする義務はない

内藤　中田先生は（ビール飲まないのに）痛風持ちですよね。私も発作が出たことがあるのでよくわかりますが、あれは痛い。すぐにでも痛み止めがほしいのですが、医者に行くと、尿酸値を下げろという。いや、尿酸値がどうこうより、この激痛を止めてくれえ、と思うのですが、どうも医者の話だと、対症療法だけだと生活習慣が改善しないから（私の場合は明らかに暴飲暴食と肥満に原因があったので）、しばらく耐えろというようなことを言われてしまいました。「なんだこれは、近代医学は患者に『試練』を課すのか……」と呪っていました。

うちのムスリムの大学院生たちは中田先生のことを心配して「治療はしたほうがいい」と言っていましたが、いかがなものなんでしょうか。

中田　本当ですか。イスラーム学的には、まず「老衰以外にはすべて神は薬をつくられた」というものがあります。ですから薬はある。それを探せというのがイスラームの教えなのですね。

ただしイスラームは基本的に偶因論、つまり物事の見掛け上の連鎖を引き起こす真の原因は神である、という考え方をするので、病に決定的な因果関係はないという考え方です。

内藤　そこがすごくおもしろいと思うんですよね。

先日、院生と高齢者の認知症の話をしたとき、ムスリムは「神が認知症に連れて行ったんだ」という表現をしたんです。神様が連れて行っちゃったんだから仕方ないですよね。本人にも、周囲の人にも。

これ、決定的に重要な思考です、私たちには。それがないと、なぜ愛する父や母や夫や妻が、認知症になってしまったんだろう、あれがいけなかったんじゃないか、こういう生活が悪かったんじゃないかと周りの人たちが悩みに悩んでしまう。

いまの医学では認知症はもとには戻りませんから、悩んでも仕方ないことなのですが、大切な人のことですから、ぐるぐるぐるぐる、こうすればよかったのか、ああすればよかったのかと悩んでしまいます。

でもそれが「神様が認知症というところにお連れになった」ということになれば、それはもう超越的絶対者のなせる業《わざ》ですから人知は及ばないということになって、ぐるぐる頭のなかをめぐっていた「どうして」「ああすればよかった」が遮断されるんです。ほかの病気もみなそうです。

中田　そうですね。最終的にはすべて神の意志ですからね。

内藤　ムスリムにとっては、それでおしまい。でも我々日本人はつい因果を追求してしまいます。病気になると「ああしたからこうなった」と考えてしまう。

私はあるところで、判断停止、思考停止していいじゃないかと思うんです。思考停止してはマズイこともももちろんありますが、こういうのはそこで思考を停止したほうが、周りの人間にとってもよっぽど楽なんじゃないかなと感じるんですよね。これ以上追求してどうするんだと。薬漬けにするつもりか、したって元に戻る保証なんて何もない。むしろ薬による副作用が出てしまうだけで……。

もちろん治療はする。だけれど、根底のところに「神がそうしたんだ」という認識を持つことは、いまの日本のように高齢化している社会の中ではすごく必要じゃないかと思っているんです。

中田　いまの話でいうと、因果というのはないというか、イスラームでは「スンナ」といいますが、だいたいの「慣行」というものはあります。「だいたいこういうことをすれば、こういうことになるだろう」という、流れというものはある。ただ一応そういうものはあるんだけれど、最終的に決めるのは神であるから、奇跡というものもありえる。
病気に関しては、薬を使うと治るということもありますが……。「やってもいいのだけどやる義務はない」という姿勢です。薬の治療だけではなく、手術もそうですね。

病に決定的な因果関係はない

持っていなければ義務はない

内藤　キリスト教だと「神による試練」という感覚があると思いますが、イスラームにもあの感覚ってあるんでしょうか。

中田　神の「試練」というより、「善悪」というものがあり、善いことをすると天国に入れるし悪いことをすると地獄に落ちるという考え方が基本です。この「善悪」は全部合わせて最終的にはかりにかけます。考え方がまずどんぶり勘定なのですね。しかもボーナスポイントがたくさんあって、善行は七〇〇倍に増やしてもらえたりします。そういうのがいっぱいあるのですよ。「善悪」をはかりにかけたあとは、最終的に来世で罰を受けます。けれど現世での災難、不幸というのは全部その来世での罰の前借りになるといいますか……善行のポイントに数えられるのですね。

内藤　なんていい宗教なんだ（笑）。「来世の罰を今、受けてるんだ」ということですよね。

これもムスリムの大学院生と話しているときに彼らが言ったのですが、病気で苦しんでいること自体「罰の前借り」だから、最後の審判のときに加算される生前の悪行が帳消しになってるようなものだ、と。闘病すること自体が善行なんだから、それが長引いて苦しいほど楽園（天国）に行ける可能性が高まるということだとすると、病気というものがもつ、どうにも苦痛に満ちたものだという感覚そのものが変わってきます。

中田　そうそう、罰の前借りですね（笑）。その分だけ自分の犯した罪が消える。そういう考え方があるので、それはそれで喜びなさいということになるのです。

内藤　日本語でいう「試練」とは違いますよね。

中田　だいぶ違います。その「試練」というのも二種類ありまして、善いことも悪いことも両方とも試練なのですね。悪いことのときには基本的には我慢する。我慢するだけです。

対して、善いことのほうが試練としては厳しいのです。善いことというのは、健康であれ、お金であれ、それを使って善いことをするようにと与えられたものなので、それに対していろんな義務が生じるわけなのですね。「自分のおかげでこうなったのだ」と天狗《てんぐ》になったりすると、それはもう明らかに罪です。そっちの試練のほうが重い。それがイスラームの常識ですね。

だから善いことがあったときには、そのほうが気をつけなければいけません。人間、傲慢になると信仰から離れがちなので。むしろ、悪いことのほうが試練としては軽いんです。悪いことは神の決めたことなので、それを我慢したら我慢しただけ褒賞があるんです。

だから貧しいほうが義務がない。持っていなければ何の義務もありませんから。

内藤　持っているほうが義務があると。じゃあ、お金持ちのケチ（吝嗇《りんしょく》）というのは大変な罪ですね。儲けるだけならいいけど、それを貯め込んで貧者への喜捨をしない。現実のイスラーム圏諸国の指導者には、これが実に多い。だから、イスラームにもとづいた世直し運動がおきるのも無理はないですね。

中田　そういうことです。お金をたくさん持っているのに自分で貯め込んで何もしないというのは、義務であることをやらないわけですから。重い罪になるわけですね。

病気で苦しんでいること自体「罰の前借り」

「もの」と「名前／概念」は一致していないといけない

内藤　先ほどの生活保護の話でもそうですが、高齢化がどんどん進んでいくことに対しても、国家はやはり機能しないと思うんです。国民がみんなで高齢者の面倒を見る、というのが介護保険ですが、若い人が減り、高齢者が増えてくれば、負担がどんどん重くなってしまう。どうも、そんなことできるわけがないじゃないかと思ってしまいますよね。そういうところにも、「目の届く範囲で」何とかなるという実感がまったくない。

中田　結局みんなそれで不安なので貯金をするわけですよね。でも最終的には誰もが死んでしまう。いまは子どももいなくなっていっていますから、蓄えてもあとを継ぐ人がいなくなった財産はみんな国家のものになってしまうのですよね。そのお金は、回してさえいれば先ほどの「貧しい人に投資する」でもなんでもいいのですけど。きちんと回してさえいればね。

内藤　なんか、そういうシステムをつくったほうがいいんじゃないかなぁ。お年寄りが自分たちでそういうシステムをつくって。何かで困ったらそっちに面倒見てもらったらいいですよね。

中田　そういう意味では、オレオレ詐欺のほうがお年寄りの面倒を見ている部分すらあるのかもしれませんよ。

騙《だま》されているのがわかってる人間もいるわけですよ、本当はね。「話を聞いてくれるから」といってね。そういう事態になってしまっているわけですから。

内藤 「話を聞いてあげる」というのが一種の対価になっていると。一方で「お年寄りからお金を巻き上げるとはなんてひどいことだ」と言いながら、公的な扶助は限界に達しているわけですから、どうにもなりません。

中田 イスラームは直接性なのですよね。偶像崇拝の禁止の基本のところなのですが。「もの」と「名前／概念」というのは一致していないといけない。その直接性がなくなってしまうと、助けるにしてもそこに何かが介在してしまう。そうすると結局のところがわからなくなってしまって、名前だけが一人歩きしていくようになるのですね。会議とかもそうですよね。だから目に見えるものであればいい。お金もそうなのですけどね。お金自体はかまわないんです。第一次的な象徴というか。代理はいいんですが、そのものを回していくとダメになる。まさに「マネーゲーム」になっていくのです。

内藤 イスラームでは利子が禁止だというのも、そういうところからくるんですよね。

介護施設には家族も参加できるシステムが必要

中田　先に触れた「お金を投資する」というのをイスラームでムダーラバといいますが、ムダーラバは個人でやっているうちはいいのですけれど、それを銀行みたいにして、知らない人間にみんなで集めたお金を投資するというかたちにしてしまうと、途端に見えなくなってしまいます。だから、人間の見通せる、わかっている範囲でやるということが基本の基本ですね。

そこから離れてしまうと必ずどこかでおかしくなってしまう。

内藤　そうですよね。介護施設に対しても、会社にいいように巻き上げられてるんじゃないかという不安を持つ人がいます。しかも働いている人は低賃金労働を強いられますから。やっぱり働いている人と、入ってくる人やその家族も参加するシステムが必要ではないかと思います。

中田　おそらく、それを妨げているのが国なのですよね。国が資格を与えていますから、資格がないといけない。公的享受を与えるので、どうしても資格を持たない人間のほうがヤブになっちゃいますからね。ということは、やればやるほど悪くなるのです。本当にね。

寿命は決まっている。延命よりも善行を

内藤　病気のときはつくづくムスリムのほうが楽だろうなと思います（笑）。要は、痛いのさえ飛んでいけばいいんですよね？

中田　そうですね（笑）。

内藤　痛いのはなんとかしてほしいですが、気休め程度の効き目しかないのに薬ばかり増えるのは感心しませんね。イスラーム世界も高齢化が進んでいますから、当然、認知症についても対応が必要だと思うのですが。

中田　そうですね、まだあまり議論はしてないです。そもそもイスラームの場合、年齢であまり考えていないところがありますね。責任能力があるかないか、それだけ。責任能力がないと判断されたらその人に責任はなくなります。それは扶養義務が親族にかかるというだけですけれどね。できなければやらない。それだけの話ですよね。

そして人は死ぬものなので、無理に長生きさせようとすることもありません。延命治療をするのは別にかまいませんけど、延命治療をしなかったからといってそれが殺人になるということはないですね。放っておけばいいだけです。病院に行く必要もありませんし。

日本には「長生きすることはいいことだ」という感じがすごくありますが、イスラームでは「寿命は決まっている」という考え方ですので、長生きするのがいいというのはべつに言いません。たとえば預言者ムハンマドは六十二歳で死んでいます。当時としては長生きだったのかもしれませんね。でもまぁ、それだけのことですよね。もっと長生きしたほうがいいということもありませんし、長生きした人間が偉いということもない。

内藤 日本は、人の生死までそのときの状況に左右されるところがありますね。みんな短命だったころには長寿をお祝いしていたのに、みんな長生きするようになると、今度は「健康」で長生きしなきゃいけないという。「足るを知る」ということをもう少し実践したほうがいいと思うんです。国なんて、何を言い出すかと思ったら、寿命が延びたぶんもっと働けと。

寿命なんて人の手で左右するより、神様の手に任せておいたほうがいいと思えるんです。苦痛を取り去るための治療だけにして。

「足るを知る」を実践したほうがいい

家の中ではお母さんがもっとも敬われる

中田　一応、年長者を敬う文化はあるにはあるんですけどね。

だけれどムスリムは、基本は遊牧文化なので、判断を間違えると死んでしまいます。年長者だから絶対服従というのはまったくないですね。それはない。年齢ではなく、やはり有能な人間が指導者になっていきます。敬う文化はあるにはあっても、儒教的なものではない。そこまではいきません。

ただ「親を大切にしろ」という教えがイスラーム教にはあって、とくに母親を、ということはコーランにも出てきます。

内藤　そうですね。先にも少し触れましたが、西洋ではイスラームは男尊女卑だと思われているところがあります。

しかし、家の中で一番敬われるのはお母さんですよね。こんなことを言ったら怒られるかもしれないけれど、イスラーム社会での父親というのは扶養義務があるから、かわいそうに外に行って稼いで家族を食べさせなければいけない存在にみえます。日本の場合、父親のほうが外へ出て「羽ばたいてる」のに女性は家に閉じ込められているというのがずっと世間で持たれているイメージでした。だからそれに対する批判が出てきたのは当然です。その観点から考えると、「女性の社会進出」というところが論点になってしまうわけですよね。

中田　そもそも男であれ女であれ人間は「家」にいるのが基本であり、家にいるのが一番幸せなのです。それが「巣」を作る動物の制度設計というものです。

ヨーロッパ・キリスト教世界でも、本来、労働は楽園を追放されたアダムとイブに科された苦役でした。それが転倒するのは、資本主義によって人間が資本の奴隷にされ、無用に欲望を掻《か》き立て、次々と取り換え引き換え新しい商品を生産し消費させるために、男性だけでなく女性も家から引きずり出すために、あたかも金のために働くことだけが価値があることであるかのように宣伝され、「金にならない」家事労働が貶価《へんか》されるようになってからのことです。

本来は、職住一体で夫婦、家族が一緒に暮らすのが理想ですが、現在ではムスリム世界も資本主義商品経済の世界システムに組み込まれていますので、家族の扶養義務がある夫は現金収入を得るためにやむを得ず外に働きに出ているだけで、本当は早く家に帰って妻子や家族の顔が見たいのです。

老人ホームに入れるのは恥？

内藤　日本は高齢化が進んでいて、そうするとすぐに国家が制度を整えないといけないとみんなが思ってしまう。そして介護の人手が必要になると、介護ビジネスというかたちで産業にしてしまいました。

日本のシステムのなかでは、別に悪いことではないのですが、イスラーム社会からみると、ちょっと不幸なかたちになってしまっているように思います。

老人ホームって、イスラーム圏ではあまり好ましいものじゃないですよね？

もともと、家族や親族、周りの人間がみんなで面倒みるというのが基本だから。老人ホームに入れるというのは恥だとする価値観が強いですよね。

おもしろいのは、イスラーム圏の国って、国家による福祉はどの国でもずいぶん遅れている。家族が最後まで面倒をみるのが当然だとする道徳と、福祉というのはお金持ちがやるべきことと考えられてきたからではないでしょうか。

中田　そうですね。お金持ちの役割です。

内藤　それが回らないと、民衆の間にだんだんと不満が鬱積《うっせき》していく。

中田先生が先ほど触れていたように、権力者なり豊かな商人というのは、その分大きな義務を負っている。そういう人たちが喜捨をして病院をつくったり、何か施設をつくったりということをやるんだけれど、現実にはそこがちゃんと機能していないということも確かですよね。それでもやっているほうだとは思うんですけど。

中田　それはヨーロッパでもそうですし、アメリカもです。アメリカは、国家よりも社会ですからね。だからいろんな教会やそういう代替物がある。

けれど、日本にはそういうものがほとんどありません。結局「国家に……」という形になりますが、国家は何もつくっていないわけですから、全部税金を使うことになって民衆にしわ寄せがくるんですけどね。日本の労働運動とかみんな、最低賃金を決めさせるとか、法人税を上げるとか、国家の統制を強めるので、そういう意味では自分の首を絞めていますよね。国家を強くしているだけなので。

内藤　それで、少子高齢化してくると若い人に負担だけがいく。若い人にもそんなもの払いきれないですよ。それはちがうだろと思いますね。「持ってるやつがやれよ」と。

だけど、イスラームは根源的にそういう考えを持っている。生きているうちに富を貯め込んだって何ほどのものかと。貯め込んだとしても、結局来世で全部罰となって返ってくるだけ。そう思っているのは非常に健全な思考じゃないかと思います。

どうしてイスラームは合理的な発想をするのか

中田 リアルな経済というのでしょうか。経済にかぎらずすべてにおいて、「リアルなもの」というのがイスラームの考え方です。そういう意味では家族もそうですよね。

家族は一番リアルな人間関係です。

中でも子ども、とくに赤ちゃんは理論がないですからね。赤ちゃん相手に人権がどうと言っても仕方がないですから。私はむしろ理論屋なので、言っても通じないから子どもは苦手なのですけどね……。

内藤 (笑)。

中田 当然、イスラームでは人権がどうとか子ども相手にそんなことは言わない。子どもには何の責任もありません。単に育っているわけですからね。

内藤 原罪の意識というのもイスラームにはないですよね。キリスト教会の中でも考え方のちがいはあるようですが、とにかく人類が生まれながらにみんな罪を背負っているということだと、子どもまで含まれてしまう。

中田　まったくないですね。子どもには理性がありませんから。責任能力自体がありませんから、そこに何の罪も生じない。論じること自体に意味がないです。

内藤　「どうして？」と聞いちゃいけないことはわかっているんですが……どうしてそんな合理的な発想に至ったんでしょうか、イスラームは。

中田　無理やり説明するなら、やっぱり厳しかったのでしょうね、風土が。

もともとイスラームは遊牧文化を基底とする商業文化です。基底には遊牧文化がありますからね。リアルな現実を見なかったら死にますから、タイムスパンが短いですよね。

農業はタイムスパンを一年単位で考えます。一年単位の中で、もちろん予測不能なこともありますが、基本的には計画をしてやっていきます。でも遊牧世界はそういう、一年単位で計画を立てていくようなものじゃない。

内藤　そうですね。だから時間の感覚がやはり違うというか。

中田　この道を行けば向こうにオアシスがあるから生きていけるとか、そういった決断をするときに失敗してしまったら死ぬ。失敗の先には単純に死があります。

農村社会だと、ある程度間違っても修正が利きますね。私はあまり風土論は好きじゃないのですが、そういう点があることはたしかです。

内藤　私は一般論として自然環境が人間や社会の性格を決めてしまうという風土論には批判的な立場なんですが、しかし生業の形態として遊牧と農耕の違いは、社会のかたちや人の生き方に深く関わっていますね。

和辻哲郎は『風土』のなかで、西アジアのように気候風土が殺伐《さつばつ》としていると人間関係まで殺伐として、そこに生まれたのがイスラームだと説いていますが、あれは、ヨーロッパ中心主義的な啓蒙主義の影響を受けているからでしょう。先進的な西洋に比べて、周辺のイスラーム世界というのは、なんて野蛮なんだと言いたくて仕方がない。それは歴史的、政治的なことなんですが、それを何とかして自然環境と結び付けて「科学的」に説明してみせた気になったんですね。

実際にイスラーム社会に行ってみると、殺伐どころか濃密な人間関係がそこにはある。そして、相互扶助が非常によく働くことはたしかです。

シリアに留学していた当時、遊牧民のテントを訪ねたことがあるんですが、「おまえどこから来た？」と聞かれたので、アラビア語で「日本から来た」と言うと、日本なんて知ってるはずはないのですが「そうか、おまえは日本から来たアラブか」と言って、それで終わり。あとは、気付け薬みたいに苦いコーヒーをふるまわれて、さらに羊一頭を解体して大宴会。アラビア語を話していれば顔立ちが違っていても、とりあえずアラブだという（笑）。それ以上に、自分と他者とのあいだの「違い」をみつけて線引きしようとしないんですね。

家族は無条件にお互いを守る城。他者との関係は、商売するのでなければ徹底した「おもてなし」で敵ではないことを確認しあい、商取引をするときはフェアに、しかし実にシビアにやらなきゃいけない。

中田　そうですね、これはもはや意識しちゃいけないことなのです。無意識的に、身体化していないと使えない。身体化してないと政治の対象になってしまいます。さっきの「おもてなし」も、自分たちの家族が餓死《がし》してでもやるということが身体化されているのです。計算しないし、計算しなくても身体化されていて出てくる。そうじゃないと信頼できない。

そういう意味では信仰とも違うのですよ。信仰って、意識的なもののことですよね。考えてやるもの。けれどそうじゃなくて、自然に体が反応するのです。

自分と他者とのあいだの「違い」をみつけて線引きしようとしない

イスラーム法とは

中田 考

イスラームでは窃盗には手首切断刑と決まっている、などと言われますが、イスラーム法と現代の実定法の根本的な世界観の相違を無視した重大な誤解を招く表現です。というのは、イスラームでは本当の窃盗犯に対する刑罰は、来世での獄火の懲罰だからです。窃盗に対する手首切断刑は、窃盗犯に対する刑罰である前に、イスラーム共同体の為政者、カリフに対しての、窃盗犯の手首を切断せよ、との命令であり、窃盗犯の手首を切断しなければ神の命令に背いたために来世で獄火の懲罰を蒙《こうむ》るに値する大罪を犯したことになるような命令なのです。

イスラームとは、すべての人間が聖職者を介することなく直接神に向かい合う宗教です。西欧の実定法の先入観にとらわれていると、イスラームの刑法に見えるものも、実は裁定と執行がカリフに課せられた命令であったりします。

窃盗、強盗、姦通、飲酒などはカリフの職務でこれにあたります。しかし、殺人、傷害は、被害者、あるいは被害者の遺族に、同害報復、法定損害賠償、赦免《しゃめん》の選択が委ねられているため、カリフに裁定と刑の執行が委ねられた刑法とは別の範疇《はんちゅう》になります。

イスラーム法は、来世での獄火の懲罰への信仰を前提に成り立っていますので、そもそも異教徒には課されません。異教徒は、来世での審判は神に委ねられ、ジズヤという税金を納めるかぎり、生命、財産、名誉の安全を保障されます。異教徒は個人的には何を信じようと何をしようと自由ですが、公共の場でイスラームの秩序を否定する言動を取ることは許されません。お酒を家で飲むのはかまいませんが、公共の場で飲むのはご法度《はっと》です。酔っぱらって騒ぐなどもってのほかです。

ただし、異教徒の女性が髪を隠さないことはイスラームの秩序に対する挑戦にはなりません。もともとイスラーム法上は、ムスリムでも奴隷の女性は男性と同じく、臍《へそ》から膝までしか隠す義務はありません。と言っても、現代のムスリム社会で、女性は言うに及ばず、プールなどの特別な場所を除き、男性でも上半身裸で歩き回ることは社会通念上、許されていません。イランやサウジアラビアで異教徒の女性がヒジャーブの着用を強制されるのも、イスラーム法の問題ではなく社会通念の問題と考えるべきでしょう。

第7章
イスラムが家族に効く

日本の家族は守ってくれませんよね。

中田

刑務所から出てきても温かく迎えるのが家族。

内藤

結婚も離婚も契約

中田　イスラーム法上、離婚はすごく簡単です。結婚するときは本気で結婚を考えているんですが、嫌だったら離婚できる。ですからすぐに結婚してしまうんです。

内藤　結婚も離婚も「契約」なんですよね。そして契約である以上はフェアにしなければいけないというのがイスラームの中に強くありますよね。たとえば、結婚のときには男性が女性に対して婚資を払わなければいけない。

中田　そうですね。日本人は婚資を払う・もらうということが考えとして頭の中にないので、「婚資が安いから結婚しない」なんて言うと「愛情を汚された」というふうに感じます。でもそんなことはないのです。向こうではそれが一番大切なことなのです。

日本人の女性は婚資も安いし、ややこしい親兄弟もあまり絡んできません。だから声をかけられやすい。イスラームはお父さんと男性の兄弟がすごくうるさいんですよ。うかつに手を出すと殺されますから。それで自国の女性には手を出せない。だから外国人とは結婚しやすい。

内藤　日本人の女性はイスラーム圏に行くと声をかけられます。「俺が案内してやろう」とかいってお昼ご飯を一緒に行ったりすると、向こうは頭の中がほぼハネムーン状態になっています。

これを真に受けると大変。そもそも、見知らぬ異性に声をかけることがありえないのに、もし、女性のほうがそれを拒絶しないと、男はもう結婚できたも同然ぐらいの勢いになってしまう。

中田　イスラームの基本は商売です。商売って、「これを買わないか」と言って、一〇〇回失敗してもー回成功すればそれでいい。

結婚も同じです。「結婚しよう」と言って「ダメ」と言われても、次の人にいくだけの話なのです。一〇〇回当たって砕けても一回当たればそれで充分なんですから。ということで声をかけてきますので気をつけたほうがいいとも言えますし、結婚のチャンスだとも言えるわけです。やはり日本とは違う、異文化なのですね。

アニメ「新世紀エヴァンゲリオン」の主題歌を作詞した方がトルコの若い男の子に口説かれて、「もしあなたの目が見えなくなったら、ワタシの角膜を一つあげる。もしあなたの腎臓が悪くなったら、ワタシの腎臓を一つあげる」と言われて、結婚したそうなのです。その後結局三億円を貢《みつ》いで、さらに七〇〇〇万円の借金を抱えたんだけれど、でも幸せにしている……という話をネットで見ましたけれども。ムスリムは、そういう甘いことを言ってくれるんです（笑）。

まぁ幸せは主観ですから、その人が幸せならそれでいいわけです。

内藤　実にリアルなエピソード……。トルコの歴史ドラマを観ていたら、ラブレターを書くシーンがあって、スレイマン大帝が「私の心」「私の人生」……なんて重々しいけどあらゆる修辞を駆使して寵愛《ちょうあい》する妃にせっせとラブレターを書いてましたね。最高権力者といえども愛のゲームにはマメじゃないといけないんですね。

婚資は慰謝料のデポジットみたいなもの

内藤　その婚資って、だいたいどれくらいなんでしょうか。もちろん階層によっても違うんでしょうが。

中田　もともとは、安くて満足なのがいいとは言われています。ただし価格にも分相応というのがある。上流階級はどうで、貧しい人はこれくらいというのが決まっています。一概に「いくら」と決まっているものじゃないのですね。

内藤　男性が相手の女性に対して支払う婚資は、離婚するときも取り返してはいけないんですよね。離婚するときの慰謝料のデポジットを払っておくようなものなんでしょうか。

中田　それもあります。後払いにする、というのもありましてね。後払いにすると、離婚しないかぎりは払わなくていい。離婚するときに精算しないといけない。実際に、離婚のときの慰謝料として機能しているという面はありますね。

内藤　でもおもしろいですよね。キリスト教では、神の前で「生きている間はずっと夫婦」というのを誓いますよね。けれどイスラームでは、そんな先のことまで神に誓うことなんてできない。だいたい明日のことでさえ神様にしかわからない。

キリスト教の結婚式って、何度も参列したことはあるんですが、そんなに簡単に「死が二人を分かつまで」結婚がつづくと誓っていいのかな、とついつい不謹慎なことを考えちゃいます。しかも、実際のところ守らない。そのことを考えると、単に「契約でフェアにしなきゃいけない」イスラームのほうが筋が通っているんじゃないかと思いますね。

中田　イスラームは完全に父系制なので、結婚しても、結婚した人間はずっと自分の家の家系の人間なんです。子どもから後は父方のほうの子どもになっていきますが、奥さん自体は死ぬまでずっと自分のお父さんの家の家系の人間です。

だから出戻りであっても肩身の狭い思いをしたりはしない。

普通に入って、普通に戻ってきて、「あぁ、戻ってきたの」と言ってお兄さんたちが守る、という。逆に「誰かに渡せる」と言うんですね。「じゃあ次どっか行きましょう」と。

ともかく肩身の狭い思いはまったくしない。だからそういう意味でも、離婚したからって不幸になるということはあまりないですね。離婚はもちろんありますが。

内藤　トルコの場合だと、もちろん世俗国家ですから民法もイスラーム法ではありません。それで基本的には裁判離婚なので、大変ですね。裁判所には山のような離婚の請求が来ているので、簡単に終わらないらしい。婚資の制度は法律的にはないですけど、離婚になると賠償というか財産の分与は必ず取られてしまうので、あまり軽率なことはしないほうがいいと言ってましたね、トルコ人の友人が（笑）。

それに、現実にはイマームの立ち会いというか仲介で結婚するときは婚資を払うケースもあるので、二重法制のようにもなっています。

守ってくれないのが日本の家族

中田　イスラーム世界と日本が一番違うのは家族です。日本の家族というのはすごく冷たいですね。冷たいというか、日本の家族は自分を守ってくれない。これは社会学的にも言われていることです。日本の家族というのはむしろ、外に対して家を守るために家族を監視してストレスをかけます。

それに対して、向こうの家族は「最後の砦」なんですね。何があっても守ると。あとは先ほど申したように、父親と兄弟がすごくうるさい。ですから女性に手を出せません。女性に手を出すと殺されます。

内藤　私もずっとそう思ってました。家族関係がいろんな意味で濃すぎるのも鬱陶《うっとう》しいですけど、一にも二にも「守る」というところが日本では希薄です。とくに身内から犯罪者が出たときに、日本の家族と向こうの家族は違いますね。

イスラーム世界では、犯罪者でも刑期を終えて出てきたら温かく迎えます。やくざ映画で出所した組長を組員たちが出迎えているような感じ。もちろん犯罪の性格にもよりますけれども。基本的に自分のウチから罪人を出したとかなんとかということはあまり重く取っていない。むしろ守ろうとしますね。ひょっとしたら、たとえば刑務所に入るということ自体あまり重大に考えてないんじゃないかと思うんです。

逆に犯罪被害者の側から見たときも、日本の制度というのは家族に冷たいと思うんです。日本では、死傷事件や事故に対しての量刑に家族や遺族が不満を抱いたとしても控訴できません。控訴権、あるいは上訴権は検察官にしかないんです。つまり、ある罪に対して懲役十年という判決が出たとします。「十年が量刑として最適だ」と家族や遺族が納得するならいいですが、「とにかく無期懲役か死刑にしてほしい」といくら思っても、家族や遺族では上訴できない。法務省の国家公務員である検察官だけが上訴権を持っている。つまり、国家に委ねているわけですよね。

これは日本では、私的復讐を防ぐという意味合いだと思うのですが、被害を受けた方やその家族にはとうてい納得できない。復讐はいけないと言いますが、代わりに国に刑罰を科す権限を与えることって、自明のことではないかと思うのですが。イスラームではそうは考えませんね。

中田　同害で報復するほうがフェアだと。なんで国家がそこに出てこなきゃいけないんだと思っているわけですから。そういうところがやはり、西洋的な国家での話と違っているところですね。

犯罪者でも刑期を終えて出てきたら温かく迎えます

親兄弟といえども関係ない者には罪を及ぼさない

内藤　中東の国々では、政治的なことで捕まることも多い。政治犯というのは、それこそ国家に逆らったからという理由で罪に問われ、罰せられるわけですから、刑罰を国の手に委ねることの危うさがもっともはっきり出てきます。

政治犯の場合、運よく出所できれば、ですが、イスラーム世界では出所してくるとみんなで実に歓待するんですよね。「この、家の面汚《つら》し！」みたいな冷たい態度は取らない。帰ってきたら家族も支援者も「よかった！」と言って、みんなで大歓迎会をやっている（笑）。

そのあたりの感覚は、家族が本当に最後の砦になっているというのが大きいんじゃないかなと思います。日本の場合だと村八分にされていたたまれなくなって、家ごと引っ越さなければいけないとか、そういうことが起きますよね。でも悪いことをしたのは当人であって、罰すべきは当人なので、親兄弟といえども関係ないですよ。

関係ない者には罰は及ばさないというのは、イスラームが持っている知恵だと感じます。ある意味、ムチで叩いてもその場で家に帰しているのってそれじゃないですか。懲役という、懲《こ》らしめるために働かせるというような感覚は、イスラームにはないでしょう。

中田　そうですね、懲役はないです。禁固《きんこ》はありますけどね。

内藤　日本の刑法の場合、刑期を勤めるというのは、罪の報いというより、まっとうな人間になるための教育的な措置ですね。だから、懲役で働かせるわけですが、被害者あるいは遺族からしたら、受けた苦痛とは別次元の罰が科されていることになる。もちろん罪は償わないといけないから自由を奪って「その間、牢屋に入ってろ」というのはわかるけれど、そこで働かせるという発想がわかりません。

イスラームの場合、ムチで打っても、それが済めばその場で家に帰しますよね。とくに、働き手の男性が刑務所に閉じ込められるというのは、家族からすると、理不尽でもありますよね。罪のない家族まで苦しめられてしまう。まして日本のように、罪を犯した人間の家族にまでいじめや迫害が及ぶ社会は、道理に反しているように思います。

中田　そうですね。いなくなったら困りますからね。

神に対する罪、人間に対する罪

中田　国家が人を許せるという考え方がそもそもないのです。

イスラームの場合、罪を二つに分けます。「神に対する罪」と「人間に対する罪」の二つです。

神に対する罪は神にしか許せないし、人に対する罪は被害者しか許せない。だから傍の人間が口を出す権利はないのですよ。

日本では何か事件があると「あいつは許せない」というふうに言う人がいますが、「お前となんの関係があるのか」って思ってしまう。変ですよ。被害者の人は「許す」「許さない」と言えるけれども、「お前に許す権利があるのか」と。そういうことがなぜか平気ですよね、日本人って。

神と被害者にしか許す権利はないのでね。内心に関わることは神にしかわからないので、神しか裁かないわけですね。

被害者がいることに関しては、あくまでも物理的な話に関してのみです。お金を盗られるとか、殴られるとか。それに対しては客観的に判定ができるので、償《つぐな》いをしなければなりません。それは他の人間には許せない。殴られた人間が実際にいるんですから、国家が許すことはできないわけなんですよ。

内藤　イスラーム社会にも仲の悪い家族っているんですかね。夫婦の場合はありますけど、親子や兄弟で。

中田　仲の悪い家族はいくらでもいるのですが、仲が深いゆえにいろいろ問題が起きるんですね。日本の場合は、関係が切れますよね。そこが大きく違うと思います。

神に対する罪は神にしか許せないし、人に対する罪は被害者しか許せない。だから傍の人間が口を出す権利はない

第8章
イスラムから世界平和を考える

国境はないほうがいい。

中田

せめて、人の出入りをもう少し自由に。

内藤

イスラームの先生はえらい

内藤　日本は、どうにもいろんな面で国家というものの壁に閉じ込められたまま息苦しくなっているように思います。教育もその一つです。

さらに、国際的には輪切りにしてランキングされてしまう。昔からありますけど、最近とくにひどいですね。大学もすべてランキングされるし。大きな大学と小さな大学とを分けられたり。

中田　今の高等教育は西欧のものなので。決してイスラーム世界はその点で進んではいないんですけれども、知識人に対する尊敬はまだありますよね。日本が異常にないのですけど（笑）。

内藤　ムスリムの人がいろんなことで「自分ではわからない」となったときには、「イスラームの先生」のところに聞きに行きますね。この「イスラームの先生」は一種、法律家でもあるし医者でもある。精神科医みたいな面もあるわけですよね。

そこに聞きに行って答えが非常に納得のいくものであれば、「その人はいい先生だ」という評価になる。当然そういう先生には敬意が集まります。だから知識を持っている人というのは基本的に尊敬される。「先生はえらい」んですよ、内田樹《たつる》先生じゃないですけど（笑）。

中田　「イスラームの先生」というのも、基本的に学んでいることは古典教養です。アリストテレスなんかも含めて確立された、そういう教養。

日本の場合、何か悩みがあったり自分では立ち行かなくなったときに、そういうところには行かない。お坊さんのところとか行きませんから。じゃあどこに行くのかというと、変なコンサルのところに行ってみたり、自己啓発セミナーに行ってみたりするわけですよ（笑）。

「役に立つ」は専門学校がやればいい

内藤　高いお金を払ってね。だけど、ああいうものは答えがあらかじめ決まっていて、あとはどうやってその答えに誘導するかということですね。日本の場合、学者もそうですが、ひとにものを教える立場の人間が、狭い領域の中でしかものを考えなくなっています。

イスラームのような、ものすごく複合的で大きな知の体系の中でものを考えているような、そういう学問は日本にはない。どんどん細分化されていってしまう。その細分化された中でゲームの勝者が勝つというようなかたちになっています。そうすると自分が勝てないと不安になる。

知識を積み重ね、そこから視野を広げていくということに対する喜びがないですよね。絶えず他人と比べられたり、そのゲームに勝てるのかどうか、そこしか見ていない。これはやはり高等教育全体を非常につまらないものにします。

中田 弊害もありますけれど、外交官でもドクターをもっていたりする高学歴が多いです。イスラーム世界だとね。

内藤 日本の場合だと、最近はもういないのかもしれませんが、大学の三年生で外交官試験に受かって大学を中退した人がエリートだともてはやされていました。でも大学中退ですからね。世界に出ると、通用しない。勉強を端折《はしょ》ったからって何が偉いんだと思われるだけ。

あの試験制度というのも非常によくない。本来、その人の知識だけじゃなく、判断力も考えれば、「大学を早く辞めて、早く役所に入ったからってなんだ？」というだけの話ですよね。

中田 東大法学部もそうでしたよね。あそこも博士課程にいかなくても助手で採ってしまうという（笑）。

内藤 そうそう、昔の東大法学部の教授ってそうなんですよね。学部卒で助手になるのが偉くて大学院までいったやつは二流だとか言ってましたね。だから教授はたいてい博士号をもっていなかった。

中田 そうでした、そうでした（笑）。本当に異様な世界ですよ。

内藤 「早く役人になったやつが偉い」のもそうだし、学生の時に受けた公務員試験の順位が後々の出世に影響していたなんて、あまりにばかばかしい。いつまで試験の成績をおでこに張り付けて生きてるんでしょうね？

最近ではさらに悪いことに、官邸の周りに「役に立つ教育」というチャチなことを言う人が集まっている。経済学は教えなくていいから簿記だか会計だかを教えろとか、シェイクスピアを教える暇があったら観光ガイドの何かを教えろと。べつに実用的なことを教えるなというのではありませんが、こういう発想って、自己啓発セミナーと同じようなものだと思います。

中田　専門学校ですから、それを学ぶのはね。

ともかく今、研究者のキャリアパスが学振（日本学術振興会）の研究助成を取ることになってしまいましたから。あれは役人の仕事ですからね。ペーパーに適当なことを書いて通った人間が研究者になっていくというのは、まさに役人をつくっているんでね。

内藤　「イスラームの先生」について言えば、もっと大切なことは、聖職者ではないことですよね？　カトリックで言うような、神に代わって人の罪を許したり罰したりするような存在としての聖職者ですが。その代わり、信者の疑問に答えてくれるのが「イスラームの先生」じゃありませんか？

中田　そうですね。

隣国を知らなければ相手もできない

内藤　最近は政治家が学者の研究にまで口をだす。「反日的な研究はけしからん」と(笑)。そんなこと言ったら誰が中国の研究を、朝鮮半島の研究をするんですか。好きだろうと嫌いだろうと、隣国を知らなければ相手もできないのに。

自分の子どもの頃と比べても、日本は、今のほうがはるかに井の中の蛙《かわず》です。昔は、一種の強迫観念だったけれど、外の世界を知らなければいけないということを、親も教師も言いましたしね。「世界を知らなかったから、こんなにひどい戦争になったんだ」というふうに親たちの世代は思っていたと思う。私の両親は高等教育を受けていませんでしたが、その思いが伝わっていたから「なんとか世界に出ていかなきゃ」と思った。

今はもう、日本の中でマネー・ゲームの勝者になればそれで「えらい」となってしまう。それでいて「グローバルに活躍する」人材を育てるとか言ってる人はいるけれど、その人の立っている土台はひどく狭い範囲にすぎないことは多いですよね。

自由の問題を除けば、高等教育への投資の仕方といい、世界への目の向け方といい、中国は日本をはるかに上回っている。

中田　これからはいかに北朝鮮に負けないかという、そういうレベルになりそうですよね、今見ていると。中国に負けたということはもう決まってしまっていますから。

内藤　本当にそうですね。自分の国のことを好きとか嫌いとか、そんなことを言っているうちに、どんどん辺境の小国になっていってしまいます。

「国家」のシステムは人を幸せにしない

中田　結局、「国家」というのは構造的な問題なのでどうしようもないですよね。本当に。

内藤　本書のタイトルになっている「イスラムが効く」というのは、この「国家」のシステムは人を幸せにはしない、ということに対して「効く」という意味が大きいですね。

中田　いつの間に「国家」に対する警戒心がなくなってしまったのでしょうか。もうすこし、昔は警戒心を持っていたと思うのですけどね。

まず第一に、日本が敗戦国だったということがまだ記憶に鮮明だった。「国家に従属しない」という意思がありました。スターリンや毛沢東がひどいことをやりましたよね。何千万人という人を殺した。国家に従属すると、やはり上はロクなことをしない。

内藤　そうそう。だから敗戦と戦後を生きた私の両親の世代は、両方の考え方を知っていました。軍国主義や民族主義が「日本をまちがった方向にリードするんじゃないか」ということを親から聞かされていましたし、戦後になると、今度は共産主義がずいぶん乱暴なことをする。

中田　そういう意味では「自由なほうがいい」ということが共通認識としてありました。ですがいまは、その「自由」を言う人がみんな、「人々が自由になるために国家が何かやってくれ」と、どう考えてもおかしなことを言っている。「国家がやってくれないからダメだ」という話になってきている。

内藤　その点ではリベラルも右翼も、非常にドメスティックで、同じコップの中で罵《ののし》りあっているにすぎない。しかし、それでは視野はおそろしく狭いまま。世界のほんの一部を、しかも日本との関係でしか見ようとしないので、自分の国の何がおかしいのかにも気づかない。だいたい、「左」だ「右」だというのは、冷戦時代の話。いまだに「冷戦脳」でものを考えること自体、世界の動向を見誤るもとだと思います。

国家に従属すると、やはり上はロクなことをしない

国境はいらない？

内藤　さて、「国」というものの限界に来ていることが話題に上りましたが、このあたりで、イスラームが近代国家の次の時代にどう効くかを考えたいと思います。この一世紀の流れは「民族国家」が正しいとされてきたわけですが。

中田　私の立場は非常に明らかで、すべての民族主義運動に反対です。それは当たり前というか。今すでにあるものは仕方ないとしても、新しく国境を作るなんていうのは本当に言語道断な話です。

たとえばクルド人だと「クルド人」というものがあって、その「クルド人」はクルド人の国を作らなければならない、と言う。つまりクルド人をある一定の場所に囲い込んで、他の人間と違う扱いがされなければならない、ということで、逆に言えば、クルド人でない人間はクルド人と別に扱うべきである、ということです。それはもう「クルド人は人間ではない」と言っているのに等しいと私は思っていますので、大反対です。絶対に反対です。

私は、パレスチナ人がイスラエルから独立するのも反対ですし、チェチェン人がロシアから独立するのも反対です。ウイグル人が中国から独立するのもすべて反対。ひとつでも国境を増やすのはすべて人道に反すると思っています。国境はないほうがいいわけです。
なくすべきであっても今あるすべての国家を廃するのは確かに大変ですが、今はない国家を新たに増やすというのは言語道断です。実際にはどこの国でも支配階級の利権がからむので、個々のケースについては具体的な利害関係の調整をどうするべきかは難しく、私もよくわかりませんが、そういうときには原則に戻るべきです。原則は人間がどこに行っても原則ですから。

内藤 そんななか、目立っているのがトルコの動きですね。トルコは中東でほぼ唯一、自力で西洋近代的な国民国家を創り上げた国。単なる政教分離よりずっと厳格な世俗主義を採用したし、トルコ民族の国だという民族主義も、かつてはおそろしく強かった。今でも民族主義は強いんですが、この十数年で、「それだけじゃうまくいかない。イスラーム的な要素を取り戻していこう」という方向に変わってきたんです。

今の中東での国家の崩壊を見ていると、いっそトルコが国民国家をやめて、オスマン帝国に戻ってくれたほうがいいかもしれませんね（笑）。

もとはといえばイランを除いて、中東の多くの地域はオスマン帝国領でした。別に領土を広げたらいいということではなくて、民族主義に根ざした国民国家というものが、いろいろな意味で限界に達しているという意味です。

中東の歴史を勉強すると、面白いことに、イギリスやフランスが分割をはじめる前後になって、アラブの民族主義だとか、トルコの民族主義というものがでてくる。それ以前、オスマン帝国の統治が、ヨーロッパ列強にどんどん押されていく前には、政治的な民族主義はなかったですよね。民族主義自体、ヨーロッパで生まれたものが、アラブやトルコにも入ってきたということです。しかも、イギリスやフランスは、民族主義を利用して互いに争わせ、中東を分割していきます。

民族主義の国なんてやめるほうがいい

内藤　第一次大戦の後に中東地域はイギリスとフランスによって分割されて、だいたいそのころの境界線をもとに今の領域国民国家の国境線があるわけです。例外はイランぐらいかな。トルコは前身のオスマン帝国が、ドイツ側について第一次大戦に参戦して敗北。国はヨーロッパ列強にズタズタにされたんですが、自力で抵抗して、なんとか今の国土を勝ち取ります。あとの国はイギリスとフランスによって勝手に線を引かれたところに押し込められて、さあ、国をつくれということになった。

そういうふうにして国境ができたので、同じ言葉を話す集団も、同じ信仰をもつ集団も分断されることになったのです。だからこそ、この地域では、国境を超える自由を認めるべきなんです。国境を厳格にすればするほど紛争は起きるに決まっています。また余計な血が流れることになる。トルコなんて、建国するときに大変な戦いを経て独立していますから、やっとのことで勝ち取った国境線のなかに「自分はトルコ人じゃないよ」という集団がいるだけで許せなかった。

今のエルドアン政権は「我々は長い歴史のなかで、そんなこと（民族）で争ってこなかった」と言っていました。エルドアンが一時期クルド武装勢力との融和を図ったのは、国の境目としての国境線なんて存在しなかったイスラーム的な社会をもう一度つくったほうがいいという意味でした。もっとも「民族の国」を持てなかったクルド人にしてみれば「トルコ人の国」であるトルコのなかで暮らすこと自体、肩身の狭い思いをするわけですから納得するはずもない。

本当は、近代的な民族主義の国なんてやめて、イスラーム的な緩《ゆる》さをもとにした国に直したほうがいいと思うんですが、これがそう簡単にはいかない。

中田　あの辺はぜんぶ入れ子構造なので。クルド人地区にもアラブ人がいるし、トルコ人もいる。国境線を増やすと、それに対して確実に差別が起きるのですね。また同じことが起きる。実際にもう起きています。

内藤　現実にはなくならないでしょうね。でも、せめて、人の出入りはもう少し自由にしたほうがいい。現代の中東での紛争、内戦、戦争、そのすべては「国境」で区切られたことに起因すると言ってもいいのですから。

まわりのアラブ諸国は、トルコが過去のオスマン帝国をよみがえらせようとしていると警戒しています。しかし、国境という人工的な境界線で人間を分断したことのマイナスは、中東ではあまりに大きい。仮に、北イラクのクルド地域でやろうとしてきたような「住民投票」や「国民投票」（いずれもレファレンダム）で意思を示すのが「民主的」だとしても、問題は境界線で切り分けることそのものにあるのです。

中田　レファレンダムや民主主義は、この問題に関しては現実的に無力です。どの範囲かでレファレンダムの役割はぜんぜん違ってくる。クルド問題でも、クルド人だけが住む小さな村で独立を問う住民投票をするのと、その村を含むクルド人が多数派の町で住民投票するのと、その町を含むクルド人が半数である市で住民投票するのと、その市を含むクルド人が少数派である県で住民投票をするのでは、結果は違ってきます。

トルコ全土でやれば、圧倒的多数で否決されます。たとえばですけど、そういう話なんですね。どの範囲で住民投票をするのかを決めるのも同じことです。村なのか、町なのか、市なのか、県なのか、国なのか、を決める原理はレファレンダム、民主主義にはないのです。原理的に意味ないんですね、レファレンダムをやったからといって。それはいまのウクライナの問題も同じです。民族問題にはまったく無力ですから。

国境を厳格にすればするほど紛争は起きるに決まっています

異教徒間の結婚で「事件」が起きるのはよくあること

内藤　西欧側の強引な線引きが、国、個人を問わず「対立」の原因になってしまう。

中田　最近海外のニュースに出ていましたが、エジプトで、ムスリムと結婚するというのでクリスチャンの親が娘を殺したという事件がありました。これは実は、よくあることですよ。エジプトだけじゃなく、マレーシアだっていくらでもある。中国の華僑《かきょう》の女性がムスリム男性と結婚したいと言うと、親に殺されてしまう。そういうことはいくらでもあるのですけど、そういう話を日本人は知らないでしょう。だってテレビや新聞に出てこないから。

それで、キリスト教とイスラームの場合だと、そういう話はすぐに差別という形で出てくるんですけど、実はいくらでもある話です。これは慣習法のレベルの話なんでね。世界中にいくらでもあるんですよ。

イスラームというのは、「神の前にひとり立つ」という信仰告白によって入るという側面と、生まれながらにしてあるという側面の両方があります。実際には九九パーセント以上は生まれながらの人たちです。とくにイスラーム世界は、クリスチャンも含めてコミュニティがすごく大切なので、そこから改宗というのは基本的には許されない。コミュニティを守るほうが強いので。

これは法学によって違うんですが、私のやっているイスラーム法学だとイスラームだけが支配宗教なので、イスラームに入ることは禁じていないけれど、キリスト教からユダヤ教であれ、ユダヤ教からゾロアスター教に改宗するのであれ、他宗教から他宗教に改宗することは許されません。コミュニティを守る宗教なのでね。それは慣習法のレベルであるので、言ってみても仕方がないというか……。

むしろクリスチャンでも、そういうことはいくらでもあるのです。それをできるだけ顕在化しないようになんとかやっていくというのでイスラーム世界はやってきたんですが、それも、とくにクリスチャンたちが騒ぎ立てる。

内藤　オスマン帝国がバルカンのキリスト教社会を統治下に置いていくプロセスの中で、税金を払えばキリスト教徒やユダヤ教徒がいてもいいよということにしたんですよね。そのかわり、キリスト教徒やユダヤ教徒に対する保護責任をイスラーム国家の側が負うと。

ところが、オスマン帝国がヨーロッパ列強諸国によって切り刻まれていく過程では、そのシステムが利用されることになります。キリスト教徒やユダヤ教徒が宗教コミュニティを維持する権利を認められていたことを利用して、一種の治外法権を拡大していく。ヨーロッパは「キリスト教徒のマイノリティを守れ」と主張して、オスマン帝国を内側からも切り崩しましたね。

このプロセスというのは宗教を軸として統治するイスラーム国家の考え方を切り崩すことでした。近代的な主権国家、領域を確定させた国民国家に生まれ変われと。それがいわば世界の秩序なんだから従えということでした。こうして、宗教は国家統治の基盤から外されていく。つまり世俗国家となっていくわけです。

中田　でもそうして世俗化していくと、クリスチャンマイノリティが全部消えていくんです。それは西欧的な考え方なので、信仰以外の義務を守らない。そうすると、それまでのマイノリティにあった慣習というのはすべて西欧的な人権などに反するので消されてしまう。そうなると結局みんな消えてしまう。実際にはなくなっているわけですね、西欧には。イスラーム世界には、それがいいことかどうかはよく知らないですが、慣習がぜんぶ化石化して残ってるので（笑）。

外の人間は信仰に対しては興味がない。それをエスニックなマイノリティだとするのはあるんですが、それはイスラーム世界の中では基本的には信仰の問題と捉えられる。だから、どちらも適当に使い分けているのでね。「あなたは信仰の話をしているんですか？　それともそうじゃない話をしてるんですか？」ということが起こります。私はイスラーム学者なので、そっちのほうが気になるんですけどね。

要するに西欧の世俗化というのは、「プライベートなことを除けばすべて同じだ」という考え方です。だから信仰の内容は気にしない。また、西欧の法に反するものは切り捨ててしまうわけですから、どの宗教も個性はなくなってしまいます。

「善いことをやった人たちがいい信仰の徒である」

中田　いまイブン・タイミーヤ（一二六三年生～一三二八年没）の著作を読んでいるんですが、当時はモンゴルの時代です。いまのイラン、イラクあたりのイスラーム圏にモンゴルが攻めてきてモンゴル軍によって征服される。そこから百年くらい経つと、だいぶイスラームに改宗してくる。モンゴル族のイルハン国というのがイスラームに改宗するんですけどね。イブン・タイミーヤの時代、モンゴル軍を食い止めたのがマムルーク朝だったので、イスラームに、しかもシーア派に改宗したんですね。

当時のモンゴル軍のもとでムスリムになってるという人たちの状況がすごくおもしろい。たしかに彼らはムスリムを優遇しているんだけれども、そこでいうムスリムというのは、ようするに「善い人たち」という感じなんです。信用を守るとかそういう意味で、彼らのよさというのを触りの部分でしか使っていない。

本当にいまの世俗化したイスラームみたいな感じです。「善いことをやった人たちがいい信仰の徒である」という。本当のところでの信仰の教義の内容や、何に命を捨てるかというそんなことはどうでもいい、と言っていて「あぁ、昔と何も変わらないんだ」と思いました。世俗化して、「それはイスラームじゃない」という言い方をしてるんですけどね。それってまったくいまと同じだなと。

逆にいうと、当時のモンゴルっていまの西洋くらい世俗社会だったんですね。モンゴルはあまり宗教を気にしなかったので。「それはどうでもいい」と。その中でムスリムというのは、一本芯は通ってるのだけど、それはあくまでも信仰、あるいは道徳のレベル。信仰を見ていないわけです。結局のところ、彼らは本当は誰も信仰をあまり重んじてない。重んじてないからそういうことができる。

これはムスリムもそうです。ムスリムが西欧で、「我々は迫害されている」と言っても、あれはどう考えても人権の論理で、クリスチャンの論理です（笑）。

差別されるのが嫌だったら、はっきりとコーランの中に「アッラーの大地は広いんだから、もしそうやって迫害されたら移住しろ」と書いてあります。イスラームの論理からいうと、それだったらばイスラーム世界に戻ってきなさいという話なので。ただもちろん移民なので、戻るわけでないというのはありますけれどね。基本的にはそうです。そのときに「我々の権利は……」ということを言い出す。あれはクリスチャンの発想ですよね。

内藤　なるほど。ヨーロッパに移民したムスリムたち、一九六〇年代から労働者として行ったんですが、それから二十年ぐらい、イスラームの信仰実践には関心がなかったんです。ただ、自国が貧しかったからお金を稼ぐために労働力が不足していたヨーロッパに行ってしまった。

冷戦が終わるころから、今度はヨーロッパ社会の側が共産主義に代わる新たな敵を探しはじめて、それがイスラームだということになってしまう。ヨーロッパで暮らしていたムスリムもだんだん敵視されるようになっていきました。そうなると反動で移民たちもムスリムとして再覚醒していくことになっていったんです。

一九八〇年代あたりまでは、移民というのは「遅れた」国から働きに来たんだから、ヨーロッパになじめないのも無理はないという声もありました。しかし、二〇〇一年の九・一一のテロ事件以降は、隣人として暮らしているムスリム移民も「テロリストの仲間じゃないか」と見られるようになっていきます。

中田 その辺がむちゃくちゃになっているので。イスラームの立場から見ると、ムスリムの言っていることがすべてイスラームの立場だということでは全然ないんですね。

逆に、イスラームの立場ではなく西欧の立場からいって、慣習を守るのであれば、慣習法を守るというふうにすべきです。普遍的な「人権」を認めるのなら、やっぱり人権を認めるべきですしね。それに二重基準があるというのが問題だと思いますよ。

スカーフの問題でもそうですが、どう考えたって信教の自由に反するわけです。そんなことを西欧の文化だからと言っているということがそもそもおかしい。

これはムスリムを弁護しているのではなく、整合性の問題です。そこをもう少し考えてほしいと思います。もう少し、「イスラームか西洋か」みたいなことじゃなくて、合理的に考えていったら対話はできるだろうと思います。

「共存」ができないヨーロッパ

内藤　しかし、なんであそこまで敵意を示すのか。恐ろしいレベルです。歴史的にも中世以来、仲が良かったとは言えませんが、今や十字軍以来の敵意がヨーロッパに蔓延《まんえん》しています。

たちが悪いのは、キリスト教世界のヨーロッパにとってイスラームもムスリムも邪魔だという敵意と、西欧近代が創り出した人民主権、民主主義、人権、自由、平等のような価値とイスラームが相容《あいい》れないという、キリスト教とは関係のない「世俗主義」的な敵意が一緒になっていることなんです。共に生きていく「共生」どころか、一緒にいる「共存」さえイヤだと公然と主張するようになってきました。

中田　結局「敵をつくらないといけない」ということだと思いますね。それによってしか自分たちを、自分たちのアイデンティティを守れないというか。

どう考えても合理的に考えれば共存できないのは、むしろヨーロッパ人たちですよ、そもそも。大戦で同じヨーロッパ人のキリスト教徒同士で数千万人殺し合っているんですから。歴史的に見ても近い過去を見ても、ムスリムとクリスチャンの間にそういう殲滅《せんめつ》戦はありませんからね。

内藤　そうですよね。ヨーロッパ人同士が殺し合って。ムスリムがよく言うことですが、ヨーロッパの人たちがそんなに理性だの合理主義だの言うなら、なぜ二十世紀に二度もヨーロッパを舞台に戦争を起こして、膨大な殺し合いをしたのか説明してくれよ、と。

中田　これは何世紀前も二十世紀を見ていても同じことをやっている。どう考えたって、冷静に現実を見れば、あなたたちのほうが共存しにくいのではないかと。クリスチャンとムスリムは、共存できるはずなのですが。その現実を見たくないためにやっているわけです。だから、いくら論理で言ってもそれを見ないためにやっていることですから聞いてくれない。ということに最近気づきました。「これは何か別の方法を考えないといけないな」というふうに思っています。いくら論理的に話してもダメですね、これは。トラウマがあるので。

結局「敵をつくらないといけない」ということ
それによってしか自分たちを、自分たちのアイデンティティを守れない

日本人の宗教への接し方

内藤正典

ふたつの意味で人生を「やさしく」する

日本人の場合、まず、一神教というものにどっぷり浸《つ》かったことがありません。近代化が始まった明治以降は、神道を国家が利用しましたが、第二次大戦後になってそれもなくなり、仏教は、すべてがそうだとは言いませんが、葬式やお墓との結びつきが強まります。お墓の問題を除くと、既存の宗教は選択できるものになっていきました。極端なことを言えば、結婚式は神道で、クリスマスもお祝いし、死んだら寺の墓地に埋葬されるのであっても、それはその人の自由で他人がとやかく言うこともないでしょう。

多様な選び方ができるようになったというのは、もちろん悪いことではありません。別に宗教なしに生きていくことも、今の日本では自由のうちに数えられます。

その反面、宗教がもっている別の側面を活用することができなくなったことにも関心を向けてはどうでしょうか。それは、ふたつの意味で人生を「やさしく」すること。

生きることを易しく(容易に)することと、人に対して優しくなれることとです。

たぶん、いろんな宗教には、人間をほっとさせる面があると思うんです。神様が怒ってばかりいても、人間は畏怖の念を抱きません。

この本で取り上げたイスラームの場合、信徒でない人には想像もつかないのですが、易しさと優しさの両面がものすごく強いと思っています。

中田先生には叱られるかもしれませんが、私は、信者にならないとその二つがわからないとは思っていないのです。

ものごとが何でも人間の理性で決着がつくとは私には思えません。現代世界で普遍的な価値だと信じられている自由や平等やさまざまな権利が、だれの手にもいき渡る、そういう実感をもてるなら、神も宗教も要らないでしょう。

しかし、世界のどこを切り取っても、そうはなっていません。そういう世の中が悪いんだ、改革が必要だ、革命が必要だと叫んでから、もう何世紀もたっていますが、一瞬たりとも、世界のかなりの地域が平和になったなあ、人が自由を手にしたなあという感慨にひたれることはありませんでした。

それどころか、どんどん悪くなっている。第二次大戦後に何とかつくり出された秩序さえ、いまや、あちこちで崩壊の危機に瀕《ひん》しているのを目にします。

改善はほどほどにしたらいい

そんななかで、日本人というのは、やはり真面目だったと思うんです。勤勉に学んで働けば、いつか将来が拓《ひら》けると信じてきた。しかし、いまや将来を拓きたければ、レースに勝ち残れ、勝者になれ、敗者は退場だというのが趨勢《すうせい》になってしまった。勝者には妬《ねた》みが浴びせられ、敗者はあがいても浮かび上がることが難しくなってしまった。これでは人は人に対して優しくなれるはずがありませんし、自分が生きていくのも易しいはずがありません。

その軌道をもう一度修正する、つまり人が生きていくうえでの易しさと優しさを、イスラームという宗教のなかからヒントとして、もらったらいいんじゃないかと思うんです。

「なんで成果が出せないんだ！」と言われたら「神様が望まなかったものを、人がごちゃごちゃ言ったところでしょうがないじゃない」と頭の中で唱える（口に出すと相手がキレるから）だけでも、すっとストレスが消えるかもしれません。成果の出ない理由なんかを探すのはやめちゃえばいいんです。バシッと思考回路を切断しちゃうんです。問題があったら原因を探して改善する。トヨタのおかげでカイゼンは世界的にも使われる用語になりましたけど、ほどほどにしたらいいんです。

どうして、こんな病気になっちゃったんだろう。あれをしたのが悪かったのか、これをしなかったのが悪かったのか、あれをしてあげればよかった、これをしなければよかった……この種の悩みはぐるぐると頭の中をめぐって、眠れなくなりますよね。

でも、神がそう決めちゃったんだし、病気で苦しんでると、中田先生の言われるように「来世の罰」が帳消しになるんだから、まあ、それも悪くないじゃないですか。

みんなで人生「易しく」人に「優しく」を実践しながら生活できたら、カネの有無、地位の有無、名声の有無とは全然関係なしに、生活が明るくなってくると思うんです。

人によっては、誰ともまじわらず、孤独を愛する人もいるでしょう。その一方で、どこかで、ここだけは安心できる砦のような家族を欲することも、なにもおかしなことではありません。戦後の日本社会では、個を確立すること、個人として自立することが優先されてきました。もとより、封建的な家族制度が良いとはまったく思いません。

しかし、それを崩す過程で、心の砦としての家族もいっしょに崩壊させてしまったことで、人はずいぶん不安を抱えることになったのではないでしょうか。

ムスリムが明るく過ごす秘訣を学ぶ

私はずいぶんいろんなムスリムの友人とつきあってきましたが、カネなんて持ってるほうがよほど頭を悩ませます。悩まないでカネの亡者と化すムスリムというのも、そりゃいくらでもいますが、私から見ると、ずいぶん生前に悪行を積んじゃったねえ、と哀れに思えるだけです。逆に、貧しい家庭の明るさのなかには、カネはないけど、この生き方で正しいんだよね、という得心の安らぎがあります。

「教え」を学ぼうとするのではなく、どうしてこの人たち、こんなに明るく過ごしていられるんだろう、その秘訣って何なの？という姿勢で、彼らの声に耳を傾けるだけで、いろいろな発見があります。

そこに透徹しているのは、私から見ると「来世」への確信ですね。ムスリムって一〇〇パーセント来世があると信じている。ムスリムは、神、天使、聖典、預言者、来世、定命の六つを信じるのですが、ちゃんと来世が入っている。だから、どんなに悪いことをしてようが、善行を積んでいようが、来世で楽園（天国）での楽しい生活が待っているという確信がある。悪いことばかりしているムスリムは、必ず埋め合わせに善行を積もうとするわけだし、善行を積んできたムスリムも、どこかで悪行をもやってしまう。

ちなみに、これまで付き合ってきたムスリムの中で、自分は地獄行きだと思っている人に出会ったことはありません。お気楽な人たちです。

だから、ムスリムが生前に言ったりとったりしている「言動」や「行動」というものは、ことごとく善か、悪か、善でも悪でもないか、に分類されていることになる。

これも、もうひとつ、私たちは考えたこともないけれど、身につけていい感覚だと思うんです。昨日悪いことしちゃったから、今日は、だれかに親切にしよう、とか。

日本人は、その行動を全部自分に帰してしまいますよね。たとえば、自分が昨日ゴミを路上に捨ててしまった、じゃあ、今日は路上のゴミを拾おうというふうに。でもね、これイスラームの発想だと、自分に帰すことが義務ではないんですね。昨日ビール飲んじゃった。じゃあ、今日はお年寄りの荷物をもってあげよう、という具合に。

日本的には、それは筋《すじ》が違うだろうということになるのですが、ムスリムはそうは考えていない。必ずしも、やっちゃった悪行とつぐないの善行が一対一に対応しているとはかぎらないのです。

悪いことをしたら、次は善いことをする

これも、中田先生が本書のなかで話しておられますが（一三六頁）、罪というのは「神に対する人の罪」か「人対人の罪」の二種類しかない。酒を飲んじゃいけないのはイスラームのルールですから、飲んじゃったということは、神との約束を破ったことになるので、今度は神との約束のなかの善行を積めばいいということになる。飲むなと言われているものを飲んじゃってから、飲まないようにしますと誓ったからといって、善行にはならないでしょう。だから、弱い人を助けるという、神が定めている別の善行によって埋め合わせようとするのです。

では「人対人」の場合はどうするか？　たとえば、奥さんと喧嘩して「出てけ！」なんて怒鳴ったのなら、「ごめんなさい」と謝らなければいけない。ところがこれが三回「出てけ！」と夫が言ってしまうと、イスラームでは、なんと離婚が成立してしまいます。

夫が三回出て行けと言うと離婚になるというルールは、「神の法」なので、これを破

っちゃうと離婚しなければいけない。

でも、そこは「イスラームの先生」が裁判長になって、どういう判断を示すかということになるのですが、本気で言ったのではないということになると、「近所の貧しい人に金や食事を配りなさい」なんて裁定が下ることもあります。

ただ奥さんを怒鳴ったのなら、奥さんに謝らなければいけませんが、三回「出てけ」と怒鳴ると、「人対人」の罪ではなく、「神対人」の罪になってしまう。

こういう難しい構造にはなっているのですが、悪いことをしたら、次は善いことをする、という繰り返しが、ムスリムの人生では死を迎える時まで延々とつづいていくのです。

こういう生き方にヒントをもらうと、成績が良いとか悪いとか、業績を上げたとか失敗したとか、カネがもうかったとか損をしたとか、そんなことに意味があるのではなくて、それが善行だったか、悪行だったかのほうに、ずっと神経を集中させる生き方に変わっていくことになります。

この発想に立てば、日本人が生きていくうえで悩んでも答えをみつけられなかった問題が、いつの間にか、どうでもいいことになっていく気がしませんか?

第9章
イスラムから世界の動きを知る

本来、移民問題も難民も存在しない。

中田

民衆の心にこたえるのが政治です。

内藤

サウジアラビアが「開明的」、トルコが「閉鎖的」は逆

内藤　これからの世界の動きを見てみると、アラブ諸国の崩壊とトルコの台頭がひとつ挙げられるでしょうね。

中田　ただ、サウジアラビアが潰れないとわからないのじゃないかという気がします。それとイランの動きでしょうか。これも、イランと北朝鮮もそれなりに連動して動いていますので、しっかりと情報を見ていかないといけないです。

でもやはり、イランに比べても北朝鮮はまったく帝国ではないですね。どうあがいたってただのひとつの国なので。イランはやっぱりしたたかですよ。私はスンナ派ですので、イランがそんなに伸びることは望んでいないのですけど。でも核兵器がなくても、どんどん拡張しています。だからサウジがすごく怖がっている。

なぜ拡張しているのかというと、基本的には正しいことを言っているからです（笑）。もちろんイスラーム教義的にはスンナ派とシーア派は違うので、スンナ派は嫌がっているのですけど。別にその特殊シーア派的な教義を洗脳しているからイランが伸びているわけではありません。サウジみたいに、アメリカにひっついて貧富の差を広げていくのはよくないと言っているから伸

びているのですよね。
それに対して、本当はちゃんと理論的に対抗できるものがスンナ派にできないといけません。いまのサウジはそれをやっていないのですね。むしろそれをやっているのはトルコです。いまMbS（ムハンマド・ビン・サルマーン、サウジアラビアの皇太子）はもうトルコがイランと同じくらい危険だと言っていますから。はっきり明言していますね。

内藤 普通の西欧的な民主主義観で見ると、トルコは言論の自由を認めない独裁に近づいてきていて、サウジアラビアは「開明的な」皇太子のもとで改革しているように見えるんですが、イスラーム的な文脈で見ると、まったく逆に見えています。たしかに、エルドアン大統領は剛腕ですし、政敵を力ずくで追い落とします。

他方、世界的に見ると、たとえばロヒンギャの人たちの悲劇、パレスチナのガザの窮状には手を差し伸べています。弱い立場のムスリムを見捨てておけないということをはっきり行動で示します。

ミャンマーについて言えば、欧米諸国は軍事政権だけじゃなくて、アウンサン・スーチーを非難しています。だけど彼女は自分たちが散々持ち上げた相手ですよ。アウンサン・スーチーが軍を掌握したわけではないので、こういうことが起きることは想定できた。

日本ではロヒンギャと言われることが多いですが、要するにラカイン州というところに住んでいるムスリムです。彼らは、もともとミャンマーの国民として認められていなかったということで、ずっと不安定な生活を強いられてきた。それが近年、あからさまに追放されたり、虐殺されたりということが起きてきた。それも、アウンサン・スーチーが復権した後になって一層ひどくなった。

ある意味、ミャンマーという国を仕切ってきた軍部は、民主化の旗手ともてはやされた彼女を復権させることで盾に使って、ロヒンギャの人たちを一気に追放し、根絶やしにしてしまおうとしたのです。

トルコのエルドアン大統領のエミネ夫人やダウトオウル元首相・外相は、ミャンマーに乗り込んで、とにかくロヒンギャの人たちを抱きしめてくる。あるいは彼らが逃れたバングラデシュに「金を出すから彼らを守ってやってくれ」と訴える行動を起こしました。

二〇一二年にパレスチナのガザが激しく空爆されたときも、当時ダウトオウルさんは外相でしたが、みずからガザに乗り込んでいった。トルコの外務大臣が現地に入ったら、さすがのイスラエルも攻撃できない。いわば「撃てるものなら撃ってみろ」と体を張ってイスラエルに対抗する。

たとえそのときだけだったにせよ、空爆を止めるという行動に出ています。当事者としてひどい目にあっている人を助けに行っているわけでしょう。世界的には、そのほうがイスラームとして正しい行動をした。国家のトップとして正しい行動をしたというふうに見えている。

マレーシアのイスラーム

内藤　別に、国内を締め付けることの代わりにやっているんじゃありません。もともとエルドアンたちの国内の敵というのは西洋化志向の世俗主義者ですから。それも軍幹部やエリート官僚と学者たち。こういう人たちは、所詮はエリートなので、世界で抑圧されているムスリムの側に立って行動しようとしない。逆に、アメリカやEUと協調する「大人の外交」で中東・イスラーム世界の惨状とは関わらないことを主張してきました。

でも、多数を占める民衆は、国際政治の理屈なんてわかんないかもしれないけど、弱者のために何かしなきゃイスラームの道に反すると信じている。その民衆の心にこたえるのが政治だということを身をもって示してきたのがエルドアンの政権です。

今の中東で、エルドアンのトルコを嫌っているサウジアラビア、エジプト、シリアはいずれもイスラームの道に反している。サウジは隣国イエメンの内戦に介入して空爆をつづけて最悪の人道危機を引きおこし、エジプトのシーシー政権は民意で選ばれた大統領をクーデターで追放して支持者を弾圧、シリアのアサド政権にいたっては国民に対する無慈悲な攻撃で五〇〇万人にのぼる難民を出しています。

世俗的な宗教を離れた政治というのは、逆にイスラーム世界ではもはや立ち行かないということを示していますよね。やはりイスラームがどういうふうに「効く」かということを示さないと政治はやっていけなくなっている。

でも東南アジアって私全然わからないんですけど、どうなんでしょうか。インドネシアとか。

中田　東南アジアはすごく歪んだ形でですが育っていますよね。ものすごく歪んでいます。イスラームを標榜《ひょうぼう》しないとやっていけないのだけど、でもそのイスラームの理解がおかしい。どんどんおかしくなっています。東南アジアのことは、言い始めると悪口が止まらなくなってしまうのであまり言いたくないのですけど……（笑）。

東南アジアのほうがはるかに植民地化の歴史がひどかったので、イスラームも発展途上のところに飛ばされてしまったというところです。政治に関しては植民地の負の遺産が大きい。本当に利権国家になってしまっていますよね。とくにマレーシアはそうですけど。

内藤　なんでこの期《ご》に及んでマハティールがまた出てきたんでしょうか。九十二歳でしょう。

中田　それだけ与党がひどかったということです（笑）。

あそこももともと人種差別国家なんですよね。そもそもマレー人とそれ以外の人たちとを分けていますからね。法的に権利が違う。それでもあまり文句を言わないのは、それでも一応、二級市民なんですが、華人もインド人も国籍を与えてもらっているから。彼らはみんな、湾岸の国々の状況を知っていますからね。湾岸に行ったらそもそも国籍ももらっていないので（笑）。要するに全部イギリスの植民地だった場所なんですね。

だからマレーシアはマレー民族が多数派で、マレー民族が主導権をとったんですけど、そこに住んでいた人間は全員〝国民〟として認めたわけなんです。ところがアラブの産油国なんかは、アラブ人、湾岸の部族の人間だけに国籍を与えて、そこにいた労働者にはなんの権利も与えなかったのです。それを見ているとまだマレーシアのほうがマシなので。

内藤　湾岸産油国は、パレスチナ人を技術者や官僚として散々使ってきたのに、一向に国籍を与えない。

中田　だから「国民」というのは全人口の二割しかいないという、歪《いびつ》な国ができている。

内藤　同じ部族の人だけでしょう、要するに。

中田　そうなのです。それに比べればマレーシアはまだマシなので文句は言わないのですけどね。でも明らかに差別国家。それで石油があるというのは同じで。だから湾岸と同じようにマレー人が他の人たちを食い物にして生きてるわけですね。働かないですから、彼らは。

イスラームがどういうふうに「効く」かということを示さないと政治はやっていけなくなっている

表面的にでもイスラーム化が進むインドネシア

内藤　どういうふうに国ができたかによって、イスラームのおかれている状況はものすごく違います。イスラームはそういう意味では普遍性がありますし、変わるわけでもありませんから、最後にやっぱり、時間はかかってもいつかは気がつくのかなと。

トルコの場合は一番厳しく西洋的な国民国家をつくろうとしたので、反動も早くきた。早くきたというのは、要するに百年保《も》たないというのがわかったわけですよ。オスマン帝国が滅びてから。おそらく次々とそういうことになるんでしょうね。

中田 インドネシアなんかは逆にいうと、私が学問を始めた時期ですと、そもそもイスラームなんかないというふうに言われていました。あっても表面的にだけ。基礎文化は完全にヒンズー文化なので、「表面的なだけのイスラームがある」というのが学界の主流だったんですね。それがいまでは、表面的にでもイスラーム化が進んでいる。そういう意味ではイスラーム化は進んでるわけです。ただし無理してやったので、「ハラール認証」みたいな変なものが出てきています。

ただ私がカリフ会議に出たのもインドネシアですしね。そういう意味では一番進んでいたのも確かです。すごく混沌としてますけど、可能性はあることはあります。ただあまりにも辺境なのと、これから東南アジアは中国との関係のほうが大きくなっていくので、イスラーム世界の中核は担わないと思いますけどね。イスラーム世界の中で動いているのは確かですから。

二〇一八年の九月に、インドネシアのスラウェシ島では大きな地震があり、津波の被害も相当なものでした。一四〇〇人ぐらい亡くなったと十月初旬に報道されていましたが、実際のところ、犠牲者の数も把握できていない。しかも、その後、火山の噴火まで起きた。ずいぶん長い間、多くの住民は生きた心地がしなかったことと思います。こういうことが起きると、その後、社会がイスラームに従うという方向に急に変わるかもしれません。実際、一九九九年に、トルコのイズミットとその周辺で大震災があったのですが、いま思えば、その後です。イスラームを政治に反映させようという政党が、はっきり支持を拡大していったのは。

こういうことをばかばかしいと言ってはいけません。ムスリムが多数を占めている社会では、それまでの信仰のありようが間違っていたと考えるきっかけは、いろいろなところにあります。

中国の官製イマーム

内藤　中国も新疆《しんきょう》ウイグル自治区のムスリムの動向に神経をとがらせています。ウイグルが民族を掲げて争ってくる分には弾圧しやすい。民族というのは、前に話した通り、世俗的な国家にとっての必要な要素です。つまり、共産党の一党支配がつづく中国という国も世俗的だという点では同じ土壌ですから。しかし、イスラームを掲げてきた場合、どう対処したらよいか。そこのところは中国政府にとって、ひどくセンシティブな問題だろうと思うんです。

一本調子にイスラーム過激派を叩くというのでは済まないことに、中国は気づいていると思います。力ずくの弾圧というのはアメリカが中東でやって失敗し、ロシアはソ連時代にアフガニスタンでやって失敗し、のちにチェチェンでも失敗している。

中国にはウイグルだけでなく、回族《かいぞく》の人たちも国中に住んでいます。モスクには中国政府が出した御触れを必ず掲示しています。

「共産党の方針に基づき、こういうイマーム（イスラーム共同体の指導者）の教えに従え……」と書いてあるんですよ。

中国のイマームは完全に官製の宗教指導者です。ロシアはそのあたりが下手でしたね。ただ、今のロシアも対応を間違えると危ない。シリアに深入りしすぎたでしょう。アフガンから中央アジアの地域で、いずれイスラーム主義の運動は活発になります。ロシアは中央アジアでの急進的なイスラーム運動をひどく警戒していますね。すでにＩＳの伸長を恐れて、タリバンを支援しているようですから。

中田　本当にそうですよね。だからそういう意味では中国も、中央アジアが一番怖い。

内藤　いつ起きるかわかりませんけど、次は中央アジアがイスラーム主義政治運動の核になっていくような気がします。ソ連崩壊後、あそこはほとんど事実上の独裁政権の国ですが、安全保障ではロシアを頼りにしてなんとか持ちこたえてきた。だけど、いずれこれまでの抑圧は破綻するでしょう。

中田　上海協力機構（中国、ロシア、カザフスタン、キルギス、タジキスタン、ウズベキスタン、インド、パキスタンの八カ国による多国間協力組織）というのがすごく重要になってきますね。日本ではほとんど誰も話をしませんけど。

内藤　あの辺の国がイスラームを軸にした政治運動を潰しにかかると、大混乱になるでしょう。ムスリムは無神論者の社会主義体制の下であっても、イスラームを捨てなかった。世俗的な国だと言われていたアゼルバイジャンでさえモスクが急増していますからね。二〇〇〇年代の初めぐらいまで、「うちでは急進的なイスラームの政治運動なんて起きない」とアゼルバイジャン政府の人たちは口をそろえて言っていましたが、二十年で大きく変わってきましたね。

中田　でもいま、中国はかなりウイグルの迫害がひどいので。ウイグル人は日本で本当に増えてますよね。東京にウイグル料理屋がたくさんできています。みんな逃げてきているのでね。

実は私の神戸の実家の斜め前のうちもウイグル人なのです。中古車の売買とかをやってるみたいですけどね。本当に増えてますよ。

内藤　なんとかして出られる限りは外に出ていく。イスタンブールにも大きなウイグルのコミュニティがあります。興味深いのは、外に出たウイグルの人たちには、ウイグル民族主義を掲げて中国はひどいと訴える人たちがよくいます。それはわかるのですが、民族主義に立って中国政府を批判すると国内で一層激しい弾圧を受けます。

イスタンブールでみていると、周りがみんなムスリムですから、ホッとするんでしょうね。ウイグル民族主義を叫ぶより、ムスリムの兄弟に囲まれて助けてもらう幸せを感じているようなところがあるそうです。私のところで博士論文を完成させた中屋昌子さんが、トルコに渡ったウイグルの人たちが、ムスリムとして覚醒していくプロセスをいきいきと描いていました。過激な集団をつくるということでは必ずしもないんですけど。いろんなかたちでまた、その人たちがイスラームを軸に動き始めますから。中国政府は神経をとがらせているでしょうね、ウイグルに対して。

移民とどうつきあうか

内藤　日本では、実質的に移民政策になる外国人労働者への門戸開放が進んでいますが、中田先生の目にはどう映っていますか。

中田　そもそも移動の自由は社会権などの概念が生まれる前から存在する自然権であり、基本的人権の最たるものです。ですから、本来、移民問題も難民も存在せず、人々の移動を妨げる領域国民国家の桎梏《しっこく》が問題なのです。

ただ、日本だけではなくムスリム世界も含めて、人々がナショナリズムのイデオロギーに洗脳されている現在、言葉が通じず生活習慣が違う人間がいきなり大量に流入すれば、反動でナショナリズムに基づいた排外主義、ジンゴイズムが生まれるのは当然で、事実、欧米でもそうなっています。ですから、焦眉《しょうび》の急は、領域国民国家、ナショナリズムのイデオロギーの欺瞞《ぎまん》を暴く啓蒙です。

内藤　二〇一八年になって、政府は、人手不足が深刻なことから外国人労働者の受け入れをすぐにはじめることが必要だとして「出入国管理及び難民認定法」（入管法）という法律を一気に変えてしまいました。

外国人労働者というときは、一定の期間働いてから帰国する人たちのことを言うのですが、日本の制度も、一定の仕事につくと期限を定めずに、家族といっしょに暮らすことを認めているので、実質的に「移民」政策になります。

明確な定義があるわけではないのですが、移民というときは、働き手以外の人も一緒に、長期間にわたって滞在する人を言います。

さて、外国人労働者や移民が増えると、受け入れた国では、かならず、治安が悪くなるのでは、という不安の声があがります。

この点は、外国人と共に暮らすうえで、ぜひ理解してほしいのですが、外国人労働者や移民が増えると治安が悪化するわけではありません。たしかに、人が増えれば、その分、犯罪は増えるでしょう。日本の法律などをよく理解していないと、故意ではなくても、法に違反することをする可能性もあります。

　でも、彼らは、お金を稼ぎに日本に来るのです。ここを間違えてはいけません。お金を稼ぎに来るからこそ、警察に捕まって、強制退去になったり、刑務所に収監されたりしては、元も子もないのです。そのため、彼らを受け入れるにあたって、日本人よりも悪い条件で働かせたり、差別をしたりということがなければ犯罪に近づきません。もっとも、最初から犯罪目的なのに、労働者のふりをして入ってくるプロも増えるでしょうから、来日する前にどこまでそういう人を排除できるかが鍵になります。

　いま政府が考えている受け入れ策は問題だらけですが、なかでも、技能実習（最長五年）を終えて「特定技能一号」（最長五年）という資格で働くとなると、ぜんぶで十年、家族を母国から連れてくることが認められていません。これは、世界的にみて人権侵害。離れていた家族が一つになるというのは、基本的人権として認められるからです。

　こんなことをすると、確実に、日本という国は安く働かせておいて人権も認めないということになります。日本人のなかには「嫌なら帰ればいい」と言う人が必ず出てきますが、そういう態度を取り続けると、彼らを犯罪に引き寄せるだけです。

　いまの欧米諸国には、ムスリムの移民や難民の人がかなり暮らしています。九〇年代のはじめ、冷戦が終わると、欧米は新しい敵をみつけようとします。そのターゲットになったのがムスリムでした。

ヨーロッパ諸国では、移民としての基本的な権利はかなり保障されていたのですが、イスラームとの価値観の違いがどんどん強調され、彼らはヨーロッパにいるべきじゃないという方向に社会が傾斜していきました。

それに反発したムスリムの移民が、いっそう孤立して生きる道を選び、テロのような暴力に乗り出したことも事態を悪化させてしまいます。

移民が怖いわけでも、ムスリムが怖いわけでもないのですが、溝を掘りたいのなら実に簡単なことです。

外国人労働者や移民が増えても治安が悪化するわけではない

日本が移民国家になる日

内藤正典

労働力としてではなく、人間として受け入れる

二〇一八年、政府はかなり唐突に外国人労働者を受け入れるために「出入国管理及び難民認定法」を変えてしまいました。今後、五年間に最大三四万人もの外国人労働者を受け入れるとのことです。国会では十分な審議もおこなわれず、あまりに拙速《せっそく》だったので、このことが日本にどんな影響をもたらすのか、ほとんど想像もつきません。

私自身は、もう三十年も前から、いつか日本も移民を受け入れないと国がもたないだろうと考えてきました。少子高齢化が進む先進国は、どこも働き手が不足する問題を避けて通れないからです。しかし、もし受け入れるのなら、彼らを労働力としてではなく、人間として受け入れなければなりません。

残念ながら、日本政府の政策を見ていると、どうも安い労働力で人手不足を解消したいという思惑ばかりが先走っているように思えてなりません。

この本と関係するところでは、外国人労働者の受け入れを進めると確実に日本に滞

在するムスリムが増えます。日本政府は、どこかの国と二国間協定を結んで労働者を迎え入れる方式をとるつもりがないようです。そのため、多くの国にある人材派遣業者と日本側の受け入れ団体とのあいだで話をつけることになっています。そうすると、実は多くのアジア諸国にムスリムが暮らしているので、結果的に、多くのムスリムが日本に働きにくることになります。

たとえば中国。西の新疆ウイグル自治区はムスリムの多い地域ですし、全国に回族の人たちがいます。タイ、ここも南部を中心にムスリムが暮らしています。ミャンマー、ひどい抑圧を受けてきたことで知られるロヒンギャ(ラカイン州のムスリム)だけでなくムスリムがいます。マレーシアは多民族の国ですが、マレー系の人たちはムスリムが多数を占めます。フィリピンも南部のほうにムスリムが集中しています。そしてインドネシア、ここは世界最大のムスリム人口をもつ国です。南アジアから西にいくと、バングラデシュ、インド、パキスタン、いずれも多くのムスリムがいる国です。

どの国から迎えるにしても、ムスリムは多数含まれるはずですので、日本はこれまで経験したことのないレベルでイスラームという宗教をもつ人たちと暮らすことになります。

世界の多くの国が難民や移民を排除したがっている

ここで、もう一度、今の世界で起きていることを見ておきたいと思います。世界中で紛争や戦争が絶えないため、国境を越えて移動する「難民」が途方もない数に達しています。それと同時に、いつまでたっても豊かになれず、自分の国から出て相対的に豊かな国で働こうとする「移民」も膨大な数になっています。

彼らが入ってくる国の側は、すでに難民や移民の多さに辟易《へきえき》していて、たいへんな勢いで排外主義が力を伸ばしています。国というものの領域を超えて人が動くことに、先進国はどこも苛立《いらだ》っています。ヨーロッパ、それもEU諸国は、寛容で文化の多元性を保障することをうたってきたのですが、いまや見る影もありません。

深刻な問題は、EU諸国が排除したがっているのが、実はムスリムの難民や移民だということです。

難民の人たちを保護しなければいけないという原則はヨーロッパの人権擁護の基本です。いまの難民は、中東やアフリカでの紛争や戦争を逃れた人々が大半を占めていますが、かつて第二次大戦のときもそうでしたし、冷戦が終わった直後にかつてのユーゴスラヴィアが凄惨な内戦に陥ったときにも、難民は数多く発生しています。当時、ドイツ、スウェーデン、オランダなどの国は、戦火を逃れた人たちを難民として受け入れました。

しかし、この二十年ぐらいのあいだに、相次いでイスラーム圏で紛争が発生し、ムスリムの難民がヨーロッパに溢れるようになると、厳しい敵意を向けられるようになります。シリア、アフガニスタン、ソマリア、リビアなどの国々で発生した紛争や戦争は、一向に収まる気配がなく、いまや国家の秩序というものが崩壊に向かいつつあります。

しかも、これまで人権擁護の先進国だと思われてきたスウェーデン、デンマーク、オランダ、ドイツのような国で「もう我慢ならん」という声が高まっているのです。

そんなときに、突然、外国人を労働者として受け入れると宣言したのが日本です。世界の多くの国が、難民や移民に出て行ってほしい、入ってこないでほしいという態度を鮮明にしているときに、両手を広げてウエルカムと言ったのですから、世界中からかなりのムスリムが日本をめざすことになるでしょう。

反イスラームに傾斜する西欧世界

移民についていえば、ヨーロッパに彼らが外国人労働者として迎えられたのは、今から半世紀以上も前の一九六〇年代のことでした。移民と難民の違いは、移民が自分の意志で国境を越えて移動するのに対して、難民は命の危険から逃れるためにやむなく国境を越える点にあります。

戦後復興のための人手が不足していたことと東ヨーロッパが社会主義の国になって国境を閉ざしたため、トルコや北アフリカ、それにヨーロッパのなかで相対的に貧しかったスペインやポルトガル、ギリシャのような国からも労働者がやってきたのです。彼らのなかで、ヨーロッパからの人々は母国が発展した後、帰国していきました。しかし、トルコ、モロッコ、チュニジア、アルジェリア、パキスタンなどから来た人々は、多くがそのままヨーロッパに残り、家族と共に定住したのです。今日、移民ということばに明確な定義はありませんが、長期にわたって暮らし、家族と共に定住したような人たちを指すのが普通です。

結果的に、彼らのあいだにもムスリムが多くなったのです。この本でも扱いましたが、いまの西欧世界は、おしなべて反イスラームの方向に傾斜しています。

アメリカやオーストラリアのように、もともと移民からできている国でさえそうです。できることなら日本に来て働きたいというムスリムが増えるだろうと私が予測するのは、このような世界の状況を考えてのことです。

日本の社会は、これまでほとんどムスリムとつきあったことがありませんし、ムスリムとはどういう人たちなのか、ごく断片的な知識しかありません。

西欧世界のように歴史の古い偏見に浸かっているわけではありませんが、かといって知っているわけでもありません。突然、ムスリムがどっと増えることになると、ありとあらゆる問題が噴出してしまう危険は十分にあるのです。

日本人がされていやだと感じることをしない

ここで、将来、ムスリムが増えたときのために、彼らとつきあうために何が必要なのかをいくつか挙げておきましょう。

何かをしなきゃいけない、何かをしちゃいけない戒律の煩《わずら》わしい宗教だと思わないこと。イスラーム神学者の松山洋平先生が書かれた『イスラーム思想を読みとく』(ちくま新書)のなかに、日本人はとかくムスリムというと、何かの行為をする宗教、してはいけない宗教だと思いがちだが、それは本質ではないということが書かれています。実際、ムスリムがイスラームで規定されている何かの行為をするかしないかは、その人によるので、傍が気にする必要はないでしょう。飲酒の禁止は有名ですが、飲む人、飲まない人（ずっと多いですが）どちらもいます。豚肉の禁止もよく知られていますから、いやだというものをわざわざ食べさせるようなことをしなければ、それでいいだけです。日本人がされていやだと感じることをしないこと。あまりにあたりまえすぎますが、これで十分だと私は思います。弱い者いじめをしないための心がけと同じです。ムスリムは弱い立場の人に優しくすることを善行ととらえています。

現実の中東・イスラーム世界でおきている暴力を引き合いに出して、あなたの宗教は暴力的だなどと決めつけないこと。暴力があまりに多いのはそのとおりなのですが、多くの場合、イスラームの教えを無視した独裁者たちの手によるものです。

エジプトの市民が二〇一二年に長年の独裁を排除した後に、軍部とエリート層が手を組んで、民主的な選挙によって誕生したイスラーム色の強い大統領をクーデターで追放してしまいました。今のシーシー大統領の政権というのは、こうして力で民意を否定してできたのです。前のモルシー大統領の支持母体だったムスリム同胞団はテロ組織に指定されてしまい、激しい弾圧を受けています。

イエメンではこれも最悪の人道危機といわれる内戦が続いていますが、多くの市民の命を奪い、子どもたちを飢えで苦しめているのは、サウジアラビアとアラブ首長国連邦（UAE）などからなる有志連合軍。サウジアラビアはイスラーム世界の盟主を名乗ってきたのにこのありさまですから、世界のムスリムから激しい怒りを向けられています。

中東での暴力の問題というのは、こういう独裁者たちが、ふつうのムスリムがもっている信仰心のもとにある道徳、それは神が人間に下した命令ですが、それをいともたやすく踏みにじって弱者を一層苦しめていることへの反発として起きてくるのです。

イスラームという宗教が暴力的であるからでも、ムスリムが暴力的な人間であるから起きるわけでもありません。

第10章
二十一世紀に生きるイスラムの知

二十世紀はヨーロッパ自滅の時代。

中田

「国家」にだまされない知恵が必要。

内藤

二十世紀はヨーロッパ自滅の時代

中田　私、今回内藤先生とお話ししていて実感したことがあります。やはりヨーロッパが、二十世紀に自滅したがっていたということをもっともっと言うべきだと。

内藤　二十世紀はヨーロッパ自滅の時代……私もそう思います。

中田　本当にそうなのですよね。十九世紀はヨーロッパが世界を率いていたので、世界はヨーロッパ化していきます。「ヨーロッパこそ文明」であり、他のところは遅れた文明であるから、それをヨーロッパが指導するという形。これが世界的に自明だというふうに思われたのが十九世紀という時代。圧倒的にヨーロッパの覇権があった。

ところが二十世紀になって、自滅していきます。第一次大戦も第二次大戦も、基本的にはただのヨーロッパの兄弟喧嘩です。世界を植民地化していたから世界中が巻き込まれただけ。ヨーロッパが自分たちで何千万人も殺し合って滅びた。自滅した時代です。

当たり前ですが、隣り合って住んでいる仲間同士で何千万人も殺し合ったらトラウマになりますよ。このことをもっと考えるべきですよね。結局はヨーロッパが自滅したんです。でもヨーロッパはそのことを認めたくない。

内藤　こんなことを言ったら怒る人はたくさんいるけど、自滅しかかったヨーロッパの中に出てきた思想みたいなものをフォローし続けることの意味って、わりと限定的だったんじゃないかな。

でも二十世紀のあいだずっと、日本はヨーロッパを追い続けた。「その中に民主主義がある」「人権がある」「自由がある」と。第二次大戦後の日本でもそうでした。アメリカの影響もありましたけど、大学のような場では、その後もずっとヨーロッパを一つの手本とする方向性というのは圧倒的でしたね。

でも、気づくべきだった。ヨーロッパは二度も戦争して何千万もの人間を殺した地域だということに。殺す前に殺さなくて済むような考え方を打ち立てることは、ヨーロッパにはできなかったということです。もちろん、戦争への批判も含めてヨーロッパに学ぶところはあります。しかし、民主主義だ、人権だ、自由だといっても、所詮、戦争で自滅への道を歩んだ一つの世界がヨーロッパだったという批判的な見方だって、できたはずなのにしなかった。

中田　はっきり言って、西ヨーロッパの白人たちが自滅したんですね。でもそのことを認めたくないので、「あれは自由民主主義陣営とファシストの戦いだったのだ」と頭の中で組み替えてしまった。

崩壊する戦後秩序

我々は自由民主主義陣営であって、悪かったのはドイツとフランスのファシストだと。「ファシストが悪かった。ヨーロッパじゃなかったのだ」というかたちにするために、「我々は自由民主主義で、自由民主主義が正しい」と言い続けてきたのがヨーロッパです。なので、ヨーロッパの自滅ということは口にできない。ファシズムだってもともと民主主義ですから同じものなのですが、「そうじゃない」というかたちで押し付けた。日本でも同じですよね。日本が悪いわけではなくて軍部が悪かったと押し付けたのと同じことです。

でもそれに乗っかって、「自分たちの力でファシズムを倒したのだ」といってまた国連の常任理事国になった。そんなことやっているからダメなのだということをもう少し言わないといけないと思います。

内藤　結果的に、国連がつくった戦後の新たな秩序というのはいまやなんの解決もできません。パレスチナ問題やシリア内戦を見れば明らかなように、なんの解決能力もない。

国連というのをなんとなくありがたがる時代は終わっています。国連機関のすべてが役立たずだとは言いませんが、安保理に紛争解決の能力がないことは明らかですよね。

内藤　いま中田先生が言われたことですが、ドイツだってそうです。「悪かったのはナチスであってドイツ人じゃない」ということで決着をつけた。もちろん、ナチスの再現を許さないという信念とそのための方策はきちんとやりました。しかし、いまやそれさえ崩れ始めています。戦後七十年、ドイツは「二度と迫害しない」という誓いを立てて、自ら手足を縛ってきた。それが、二〇一七年、ついに連邦議会に明確に排外主義を主張する政党「ドイツのための選択肢」（AfD）が議席を得るにいたります。

ドイツはトルコ人をはじめとして一九六〇年代から多くの移民を受け入れたにもかかわらず、彼らをなかなか社会のメンバーとは認めなかった。ドイツ社会も日本に似て同じ血筋の人間から成り立つという血統主義にもとづいているからです。そうなると「ドイツ人というのはドイツの血が流れている人だ」ということになります。この考え方は戦後も変わっていません。そのため、ドイツ人の血を引いていない人は、本来社会を構成するメンバーじゃない、という意識をうみだします。それが、外国から来た人たちへの差別につながることは容易に想像できると思います。

ドイツで「外国人は出ていけ」とか「トルコ人は出ていけ」と主張することは違法です。これは、それこそナチス時代の反省にたって、特定の民族や人種を排除してはいけないと決めているからです。

ところが、いま最大の問題は「宗教」について、この禁止が効かないことです。二〇〇〇年代に入ると、その傾向はだんだん強まってきます。相手はムスリムです。ドイツには、トルコ人をはじめイスラーム圏から移民した人たちが五〇〇万人ほどいます。全体の人口が八〇〇〇万人超ですから、六パーセントを超える程度ですね。

最近、あからさまにムスリムへの排斥の動きが活発になっています。PEGIDA（ペギーダ）といって「ヨーロッパのイスラーム化に対抗する愛国的ヨーロッパ人」なる組織ができて、先述のAfDと歩調を合わせています。しかも、その支持者たちは、自分がネオ・ナチだとは必ずしも思っていません。イスラームが、自由や民主主義を否定する宗教だから、それを排除するのは差別ではないと多くの人たちが信じています。

人と人のあいだに線を引く、そして優劣をつける。「うち」と「そと」を分ける。「うち」は優れていて、「そと」は劣っている。この発想は民族主義や領域国民国家というものをつくりだした西欧の発想そのものです。

中田　国がある以上はそういうものが生まれてくるのですよね。当たり前のことです。それは会社でも同じです。

人と人のあいだに線を引く、そして優劣をつける。この発想は民族主義や領域国民国家というものをつくりだした西欧の発想そのものです

二重国籍は避けられない

内藤　もとからその国に住んでいる人ではなく、外国から来た人にとって、国籍とは結局、主権を持っている国民国家が付与するものなんです。日本はとくにそう。これを裁量帰化といいますが、外国人に国籍を付与する場合は国家の裁量なんですね。日本人は国籍を与えてやるんだから、元の国籍は捨てて当然だろうと思っていますが、これ、原理的に難しいんです。元の国籍を捨てたい人は別ですが。

たとえば、外国人が日本の国籍をとったとします。その後、元の国籍を復活させたかどうかというのは確認する術《すべ》がありません。だからいま、国籍選択の宣言をした日を戸籍に書く、などと言っていますね。仮にその通り、宣言した日を戸籍に書いたとします。「元の国籍は離脱しました」と書き、日本国籍をとりました。次に、その元の国籍の国の領事館に行って、「やっぱり国籍を戻します」と申請して認められると、日本は何もできません。国籍を付与するのはその主権国家の主権だから。つまり、どこかの国が日本人のAさんに国籍を付与したかどうかについて日本政府は何も言えないんです。「二重国籍はけしからん」とみんな言っているけれど、二重国籍はとれるんです。

この話は、実際にドイツにいたトルコ人に大量に見られたケースなんです。ドイツはずっと二重国籍がダメだった。「二つの国に忠誠を誓うことなんてできない」といってね。それで、帰化の申請には元の国籍を捨てたかどうか、証明が必要でした。そこでトルコの総領事館から「私はトルコ国籍を抜けました」という、国籍離脱証明を持ってドイツの市役所へ行く。条件が整えば国籍をとれます。その足でまたトルコ領事館に行って、「やっぱりトルコ国籍を復活します」「どうぞ」とまたトルコ国籍をもらってくるから、結果的に二重国籍になってしまう。

ドイツが最終的に二〇一四年から二重国籍を認めたのは、禁止したって無駄だったことも影響しています。人が本当に国境に阻まれずに動いていると、そういう方向に行くだけのことなんですね。でもこれも、それ以前の国籍法が適用されている人には認められません。ドイツにいる多くの移民出自の人たちは、トルコ国籍しかない人、ドイツとトルコの二重国籍をもっている人、ドイツ国籍だけをもっている人、と幾重《いくえ》にも「国籍の壁」によって分断されているのが現実です。

フランスみたいに、もともと出生地主義だった国も、国籍取得を厳格化しています。出生地主義というのは、その国で生まれて、その国の教育を受けて育ったら、ほぼ自動的に国籍が得られますということでした。昔は。しかしいまは、「フランス語はできるか」「フランスの精神を身につけているか」と国籍を申請する者に対して統合テストを始めました。このテストはイギリスもドイツもオランダもやっています。かつてオランダで聞いた話ですが、同性愛者に嫌悪を示すと「ダメ！」「オランダ人じゃない」と判断されることもあるようです。

二〇一七年にオランダで総選挙があったんですが、そのときに問題になったのが「ムスリムが異性と握手しない」という話です。バスの運転手になろうとした男性が、女性の上司との握手を拒んだために就職できなかった。そうしたらオランダの首相が選挙キャンペーンの中で、「握手はオランダの文化だ」「これを拒む奴は出て行け！」と言っているんですね。もう、これは……。

中田　日本の「不倫は文化」と同じですよね（笑）。ムスリムから見ると、男性が女性に対して握手を求めるというのはセクハラなんです。

「西洋から遅れている」というかたちの日本批判はたくさんありますが、もはやそれはあまり信用できない。

「国の壁」が視野を狭める

内藤　「国の壁」というものがイスラームには基本的にないということは、日本人が「世界を理解する」ことに効くと思っています。「国の壁」というものがいかに日本人の視野を狭《せば》めてしまっているか。

日本人の世界観では全部国ごとに切ってしまうんですが、そのために、いま世界がどういう方向に向かっているかを間違えてしまう。

トルコという国は、もともとNATO（北大西洋条約機構）という欧米の軍事同盟の一員でしたから、軍備もアメリカに依存してきました。ところがここ数年、急にアメリカとの仲が悪くなった。一つはトルコで起きたクーデター未遂事件（二〇一六年七月）の首謀者がアメリカにいて、トルコが送還を求めてもアメリカが応じないこと。もう一つは、シリア内戦にアメリカが介入して、トルコでテロを起こし続けてきたクルドの武装組織の兄弟分に武器を与えて援助したことが原因です。

アメリカとの仲が険悪になるにつれて、トルコはロシアとの関係を強化します。最近では、ロシアからミサイル防衛システムを買うと言い出してアメリカが慌てて、うちのパトリオットにしてくれと売り込んでいます。しかし、だからといってトルコ人がロシア人好きなわけでも、アメリカ人好きなわけでもないんです。二〇一八年の十二月、トランプ政権らしいのですが、今度は突然、シリアから軍を撤退させると宣言しました。これでまた大混乱。

中田 プーチンが仲間だと思っているトルコ人は誰もいませんよね。ロシアは露土戦争以来の宿敵ですから（笑）。それはもう地政学的に運命的な敵なのであって、世界が滅びるまで敵なんです。

内藤 シリア人だってそうですよね。誰もロシアのこと好きだなんて思ってない。しょうがないから頼りにしているだけ。ロシア側もそのことはわかっているはずです。

昔、私が留学していた当時もソ連とシリアは友好国だと言われていましたけれど、シリア人はソ連のこと大っ嫌いでしたね。ちょうどソ連がアフガンに侵攻したころで「なんてひどいことをするんだ」とは思っていましたね。それでも、いまに至るまでロシアがシリアのアサド政権側を支援しているのは、中東で唯一の軍事拠点をシリアにもっているからです。そこを失うと、中東からアフリカにかけてロシアはプレゼンスをなくしてしまう。

アメリカはイスラエルとの緊密な関係だけでなく、いまやサウジアラビアやUAEなどアラビア半島の国にみな基地をもっていて米軍の傘の下においてしまっていますから、ロシアとしてはおもしろくない。アフリカ側には中国がどんどん進出していて、ロシアはそっちでもすっかり影が薄い。

そこをアサド政権というのは巧みに利用してきただけなんですが、国と国との同盟関係だの友好関係だのを基にすると、ロシア（ソ連も）とシリアが同盟で友好関係に見えてしまいます。しかし中東の世界から見ると、違って見えます。アサド政権も内戦がひどくなって、最後はロシアに助けてもらわないと政権が危なくなったので、ロシア軍の支援を受けていますが、同時に首根っこを押さえられています。

日本人の世界観はどこか情緒的です。トルコなんて、枕詞みたいに「親日国」と言われますが、そもそも大半のトルコ人は日本のことを知りません。欧米の先進国並みに経済や技術が進んでいて、なおかつ中東には侵略しなかったから良いイメージをもっているのでしょう。日本人は日本人で、周囲のアジア諸国を侵略したり、支配したりした過去があるから近隣国からはいまでも恨まれている。親日国と聞くとうれしいのはわかりますが、現実の政治がそんな好き嫌いで動くはずはありません。

他国というのは基本的に敵であることが前提で、その上で共存する覚悟が必要なんです。人間関係で言うなら、イスラーム的な人間関係を結ぶことです。とりあえず敵だとか味方だとか、「お前は何者だ」とか、そのアイデンティティを問わない。しかし相手がやってきたら、歓待して、相手の意図をさぐればいいんです。そのうえで、通商となれば、キリキリとやればいい。

いきなり敵対的な態度にでるなら戦わざるをえませんが、日本の憲法が定めている以上、あくまで専守防衛としてです。「中国人が増えたから気に入らない」とか、そんなくだらないことを言ってないでね。だいたいいま、日本から中国人が消えたらデパートなんて商売が成り立たないんだから。

先日、関西の老舗《しにせ》デパートでおもしろいことを聞いたんです。日本人は、中国人のお客が増えたら中国人スタッフを雇うでしょう。あれは中国人に必ずしも評判が良くないっていうんです。中国人のお客は愛想のない母国の店員たちに、日本に来てまで会いたくないんだと（笑）。言葉ができなくてもいいから、日本人が「いらっしゃいませ」と言ってくれるところに行きたいそうです。好きとか嫌いとか抜きに、商売に徹すればいいということです。

中田　それはおもしろいですね。

内藤　我々が勝手に「国の壁」を忖度《そんたく》していることはよくあります。でも相手は全然そうは思っていない。だからそういうことをひとつひとつ学んで、悪くない方向に持っていくことが大切です。ムスリムの知恵ってそうですよね？

相手がちがうことを言ったら「ああそうか」と言って対応するというだけのこと。善悪の基準は神が下した道徳、人の道というものだけ。その前に「いや、これはけしからん」とかすぐに言いたがるのは、「国の壁」の悪い影響でしょう。

中田　そうですね。さっきも言いましたけど、いま日本はどんどん中東化していっているので、その意味でも学ぶことはたくさんありますよね。「こうなっちゃいけない」ということでも（笑）。それも含めて、国に任せるとダメになってしまうというのは中東をみているとよくわかる。

イスラームの場合、イスラームがベースにあるのでまだある程度は大丈夫なのかなと思いますが……。独裁がひどくてもそれに対して庶民があまり騙されなかったということもありますね。日本人は本当に、素直に騙されちゃう。

内藤　なんでこんなに素直に騙されるようになってしまったのかと思いますね。好き嫌いは別として、「国家」なるものに騙されない知恵というのはイスラームのほうにありますね。騙す悪いやつがいっぱいいいたということもあるんですけどね（笑）。

国に任せるとダメになってしまうというのは
中東をみているとよくわかる

脱対米従属、脱属国にイスラームが効く

内藤正典

力を失った国連

いまの世界、あまりに秩序が崩壊してしまいました。二〇一八年九月の国連総会での各国首脳の演説を聴いていて、もう、国連は終わったなというのが率直な印象です。アメリカのトランプ大統領は、中国とは貿易戦争も辞さないと吠え、イランは危険な国だから世界中の国はイランとの貿易を禁止すると宣告しました。

イギリスはロシアによる元スパイに対する化学兵器使用を糾弾。ロシアはそれを一蹴《いっしゅう》。その一方で、トルコとアメリカはもはやとてもNATOの同盟国とは思えないほどの険悪な関係です。トルコは、ロシアからミサイル防衛システムの導入を決定し、つづいてインドもロシアからミサイル防衛システムの導入を決定しました。

七年以上の内戦がまだ終わらないシリアは、政府軍が国民に対してあまりに無差別・無慈悲な攻撃をしつづけたために五〇〇万人をこえる難民や国内避難民をうみだしたのに、一切それを認めず、「テロ組織との戦いは終わりに近づいたから、国際社会はシ

リア政府を支援すべし」と堂々と言ってのける。日本ではほとんど報道されませんから、誰も知らないのですが、これが多国間の協調を旨としてきた国連の姿かと思うと、もはや終わったとしか思えないのです。

日本はといえば、これだけトランプ大統領の暴言・妄言の独演会になった演説に一切批判もせず、安倍首相はひたすら日米同盟の絆の深さをアピールしていました。問題は、日本のメディアというのは、当然、日本の首相の言うことと、同盟国アメリカの言うことしか伝えませんので、まるで日米同盟がうまくいっているようにしか見えないことなのです。現実には、どこかの国と強い同盟関係にありますなどと本気で言っている国はほとんど存在しないにもかかわらず。

もちろん、トランプ大統領はあちこちの国に敵対的な関税を課していますから、日本の自動車への追加課税見送りは歓迎すべきことでした。しかし、その代わり農業や畜産が打撃を受けるリスクは減っていません。そして、トランプ大統領は、「日本が高額の防衛装備品を買ってくれる。良い国だ」と発言しています。どうやら、関税率引き上げに猶予《ゆうよ》をくれてやるのだから武器を買えということのようです。

私は、親米とか反米とか、アメリカへのスタンスを先に決めてしまうような姿勢は、どうかなあと思っています。何をしたかについて賛成、反対の意見はもちますが、まるごと好きとか嫌いとか、国というものに対してそういう感情を抱くことには意味がありません。

冷戦の時代、世界は二分されましたが、だいたいどの陣営も歩調をそろえ、どことどこが対立しているのかはわかりました。そのどちらにも属さない非同盟諸国というのも存在感を示していました。そして、本当に戦争にならないようにブレーキをかける機能が国連の場には残されていました。いまや、どことどこが対立しているのかも、あまりに複雑になっています。

行き詰まった近代国家にないイスラームの発想

冷戦が終わった後、世界は一時的にお祭りムードでした。東西ドイツが再統一を果たし、「これで自由が実現できた。民主主義が広がる」という実に楽観的な観測が世界を覆っていました。一九九〇年のことです。

しかしそれから十年経った二〇〇一年九月十一日に、世界を震撼《しんかん》させる大規模なテロ事件がアメリカで発生します。西欧世界は、冷戦で失った敵を今度はイスラームに見つけます。それからというもの、イスラームは民主主義の敵だ、自由の敵だ、女性の敵だ、ＬＧＢＴの敵だ、子どもの敵だ……。よくもまあ、これだけ主敵の役割を背負わせたものだと思うのですが、あらゆることについて、西欧が近代以降に世界に広げた価値に逆らうイスラームとムスリムの姿ばかりがメディアに登場するようになります。

それでも言いたいのです。そんなに非常識な宗教だったら、信者が一五億人もいるわけないでしょう。その半分は女性です。そんなに女性に抑圧的な宗教だったら、どうやってそこまで女性の信者がうまれるのでしょう。「男性が抑圧するために啓蒙されていないから」というのが西欧側の答えであることは知っています。でも、どうしてそんなに馬鹿にするのでしょう？

その答えは簡単です。イスラームのことをあまりに知らないからです。そして近代以降の西欧が創り出した「国民国家」や「国家の領域性」や世俗主義をはじめとするイデオロギーというものが、根本的にイスラームとは相容れないということを知らないからです。

この本では、中田先生が、イスラームという宗教と人間との関係をいくつもの例を挙げながら話しています。たしかにそれは、多くの部分で、私たちにとってなじみ深い西欧的な価値とは違います。しかしその一方で、西欧的な近代国家には解決できない、人間的なレベルでどうしようもなく行き詰まってしまう問題への答えをイスラームがもっているということでもあります。

人間の病や死との向き合い方について、信仰を捨てて世俗化していった人々が決定的に得られないのは、苦しみに対する発想の転換でしょう。

人間の無力に対する虚無的な諦観というようなものはイスラームにはありません。人生の終わりをいつにするかは神が決めるのであって、それまでは生きていなければなりません。ああ、こんなに病気で苦しみながら生きるのは嫌だなというのは、世俗を生きる私たちの感覚。しかしムスリムは、病で苦しむのは来世で受けるはずの「罰の前借り」だから、死んだときにはだいぶ生前の悪行が減っていると考えるのです。

近代以降、世俗化をしていく社会で、苦痛に対するこんなにポジティブな発想があったでしょうか？

国を頼りにするのをやめる

国家と国家がいがみあおうと戦争をしようと、そのなかで生き続けるのは「人間」なのです。これだけは欧米の社会だろうとイスラームの社会だろうと日本の社会だろうと同じです。ならば、イスラームの知恵に学ぶところはいくらでもあるということです。

それは、積み重ねていくと、日本という国が、アメリカの属国のようになってきたことをひっくり返す最大の源泉ではないでしょうか。アメリカに逆らうとこんな目に遭う、アメリカの属国でいるとこんなひどいことが起きる。それは、今の私たちにもわかります。しかし、国というものを頼りにするのをやめてしまうというのがイスラームの本質ですから、そもそも、敵国か属国か、そんなことで頭を悩ませたり、落ち込んだりする理由が消失してしまうのです。

イスラーム的発想に立つと、国家という存在が、ある種どうでもいいというレベルに下がってくるということです。そうはいってもそう簡単に領域国民国家がなくなりはしませんし、戦争も、衝突も、難民もなくならないでしょう。

しかし、今の世界で安心して暮らすこともできない難民が、六八五〇万人にも達しているということが異常な事態であることは、誰でも気づくはずです。国境という主権国家が一番大事にしてきた壁をやすやすと乗り越えて、無数の人たちが他の世界に渡ってしまうという状況が、ここ何年もつづいています。そして、その流れはやむことがありません。日本は幸か不幸か島国なので、私たちは見ていないだけのことなのです。

国というものに縛られていると、国境を侵して人が入り込んでくるなんてけしからんじゃないか、と怒らなければなりません。怒ったところで、人の奔流はとまりません。その先に来るのが排外主義の暴力であることは言うまでもありません。

そんなことで人と人とが傷つけあうくらいなら、そういう国家のあり方を薄めてしまったらいいのです。といっても、秩序がなくなってしまうと、人間はますます無秩序で無道徳になってしまいますから、そこに一本だけ背骨を通すのです。いま、イスラームが勢いをもっているのは、国家によって分断された世界の生きにくさに原因があると思うのです。

おわりに

中田 考

本書の初校校正中、中学高校の同級生の畏友、勝谷誠彦《まさひこ》君の訃報《ふほう》のメールが届いた。二〇一八年十一月二十八日一時四十八分、五十八歳であった。

インナーリッラーヒワインナーイライヒラージウーン。まことに我らはアッラーのもの、彼の御許《みもと》に帰りゆく。

死因は過ぎた飲酒による肝硬変だった、とも言われている。イスラームの飲酒の禁を守っていたならば、まだまだこれから活躍できたものを、などと言いたいわけではない。

私事にわたるが、勝谷君からは二〇一四年、模擬国連でシリア大使役をやることになった高校の後輩に中東イスラーム世界情勢についてのレクチャーを頼まれた。その後輩は東大に入学したが、二年生になると、イスラームの勉強をしたい、と言い出し、アラビア語を個人的に教えることになった。結局、彼はイスラーム学科に進学することになり、母校から私が第一期生として入って以来三十五年ぶり二人目のイスラーム学科進学者となった。

イスラームの世界観では、人間だけでなく、素粒子から月、太陽、星々恒星にいたるまで、森羅万象は私たち人間にはわからない彼らの言葉で神を称えている。森羅万象が神を称える姿が、この宇宙の実相である、と言うこともできる。

この宇宙には神への賛美のポリフォニーが響きわたっている。アッラーは、ただ彼に仕えるためだけに人間を創造された。クルアーン（コーラン）古典釈義書によると「仕える（ヤァブドゥ）」とは「知る（ヤァリフ）」を意味する。「神を知ること」が、人間の創造の目的である「神に仕えること」であり、それが私たちが生きている意味である。

あの時、勝谷君が私に後輩を紹介してくれなければ、私がその後輩にアラビア語を教えることも、彼がイスラーム学科に進学することもなかっただろう。勝谷君のおかげで、その後輩には、イスラーム研究者として、神を知り、それを多くの人に伝える未来が開かれることになった。私と勝谷君が同級生になったことも、三十五年を経て再会し共著を出すことになったことも、後輩と知り合い、その後輩がイスラーム学科に進学したことも、私たちが自分たちで取り計らった結果ではない。すべては神の経綸《けいりん》であり、私たちの過去が私たちの手になるものでなかったように、私たちの将来も神の御手にある。

しかし私たちが世界を創ったのでないとしても、私たちが世界に跡を残したことは確かであり、私たちの存在が創造以来の過去の跡の連鎖の輪であったように、私たちの存在の跡は世界の終わりまで連綿と続いていく。私たちの存在の意味は私たちの死によっては完結せず、世界の終わりを待って初めて明らかになる。

私たちには、この世界が神を称える声が聞こえないように、過去と未来を見通すことができない。しかし世界の創造者であり、時空を超えた存在であるアッラーの知の中では、過去も未来もすべては「今」であり、現存している。そしてこの宇宙が終わった後、新しい存在の秩序が新たに創造される。それが最後の審判であり、創造主の前で新しい次元の存在に生まれ変わった私たちの生の全ての意味はそこで初めて明らかにされるのである。

イスラームは自分の生だけでなく、自分と親と祖先たち、子どもと子孫たち、そして彼らがかかわった全ての人間の生に意味を与える。意味が与えられるのは生だけではなく、死にもまた意味が与えられる。生に意味があるように死にも意味があり、成功に意味があるように失敗にも意味がある。人は生きている間に失敗を成功で償うことができるだけでなく、死の後にもなお生の意味は未来に向けて開かれている。

イスラームは、自分と自分にかかわる者すべての生と死、成功と失敗に宇宙論的な意味を与えるだけではなく、アダムの創造以来の預言者と人類の歴史、そして世界の一五億人の同胞の中に人間を位置付ける。より具体的なレベルでイスラーム法によって、全ての人間がその家族、隣人、同胞などと権利と義務のネットワークの中に組み込まれる。

イスラームは私たちの目を宇宙の創造に向けさせることで、自分たちが当たり前のものと信じ込んでいる常識、義務などが時代と地域に縛られた根拠のない思い込みにすぎないこと、そしてそれゆえに、自分と同じ儚《はかな》い被造物でしかない人々の評価に一喜一憂することの虚しさに気づかせ、現代人の精神を蝕《むしば》む承認欲求から解放してくれる。

イスラームとは永遠なる創造主の創造の御業への参与であるため、自分だけでなく自分がかかわる全ての人間の生と死に意味を与えることができる。物欲に駆られ商品経済の生産と消費に狂奔《きょうほん》することで自己の死の恐怖から目を逸《そ》らせ、収入と消費を基準に他人から評価されることで実存的不安の解消を求めている多くの日本人が、本書に人生のイスラーム的オルタナティブを見出すことができたなら、筆者にとって望外の幸せである。

内藤正典（ないとう・まさのり）

1956年東京都生まれ。
東京大学教養学部教養学科科学史・科学哲学分科卒業。博士（社会学）。
専門は多文化共生論、現代イスラム地域研究。一橋大学教授を経て、
現在、同志社大学大学院グローバル・スタディーズ研究科教授。著書に
『となりのイスラム――世界の3人に1人がイスラム教徒になる時代』（ミシマ社）、
『イスラム――癒しの知恵』『イスラム戦争――中東崩壊と欧米の敗北』
『限界の現代史――イスラームが破壊する欺瞞の世界秩序』（以上、集英社新書）、
『ヨーロッパとイスラーム――共生は可能か』（岩波新書）など多数。

中田 考（なかた・こう）

1960年岡山県生まれ。
東京大学文学部イスラム学科卒業。カイロ大学博士（哲学）。
同志社大学客員教授・一神教学際研究センター客員フェロー。
83年イスラム入信。ムスリム名ハサン。クルアーン釈義免状取得、
ハナフィー派法学修学免状取得。在サウジアラビア日本国大使館専門調査員、
山口大学教育学部助教授、同志社大学神学部教授、日本ムスリム協会理事
などを歴任。著書に『帝国の復興と啓蒙の未来』（太田出版）、
『イスラーム入門――文明の共存を考えるための99の扉』（集英社新書）、
『イスラームの論理』（筑摩選書）、『みんなちがって、みんなダメ』（KKベストセラーズ）
など多数。

本書は、2017年7月20日、21日、2018年5月8日に行われた対談の内容に
大幅に加筆修正し、再構成したものです。

イスラムが効く！

2019年3月5日　初版第1刷発行

著　者　内藤正典　中田 考
発行者　三島邦弘
発行所　（株）ミシマ社
〒152-0035
東京都目黒区自由が丘2-6-13
電　話　03-3724-5616
FAX　03-3724-5618
e-mail　hatena@mishimasha.com
URL　http://www.mishimasha.com
振　替　00160-1-372976
ブックデザイン　寄藤文平＋吉田考宏（文平銀座）

印刷・製本　（株）シナノ
組　版　（有）エヴリ・シンク

ISBN978-4-909394-18-7

好評既刊

となりのイスラム

世界の3人に1人がイスラム教徒になる時代

内藤正典

仲良くやっていきましょう。テロ、戦争を起こさないために――
大勢のイスラム教徒と共存するために――
これだけは知っておきたい。

各紙誌絶賛、老若男女に支持をうけるベストセラー。

ISBN 978-4-903908-78-6　1600円（価格税別）